保險叢書

INSURANCE SERIES

旅遊保險

策劃　香港保險業聯會

作者　林喜兒

4

book .4

目錄

人物設定

齊智保 主角，大學畢業後成為保險人，充滿幹勁熱誠。

顧家南 齊保宜丈夫，愛家絕世好男人，努力工作並成功「上車」，為妻兒覓得安樂窩。

齊保宜 主角姐姐，已婚，全職家庭主婦，剛迎接第一個小生命來臨。

齊老闆 齊智保父親，「利群茶餐廳」店主，頑固保守的中年人，對兒子從事保險業頗有微言。

齊師奶 齊智保母親，開朗健談的中年婦人，非常支持兒子的保險事業。

齊大俠 齊智保爺爺，楊式太極拳師傅，非常有氣勢的老人家。

認識
旅遊保險

常言道:「出外靠朋友」,當然沒有錯。不過世情難料,人在
異地,遇上突發事故,即使親人朋友也未必能夠即時提供實
際的幫助。徬徨無助,手足無措時,旅遊保險便成為了你的
救生圈。

根據香港政府統計處統計數字,2019 年,經各出入境管制站
離港的本港居民共 94,715,000 名[1]。不論是旅遊、探親、公
幹、留學,離家出門都是這個世代日常之事,而不少市民也明
白購買旅遊保險的重要性。香港保險業總工會在 2019 年 3 至
4 月期間,進行了「2019 年旅遊保險問卷調查」,調查顯示超
過 9 成半(96.4%)受訪者認為外出旅遊前,購買旅遊保險是
必須的[2]。然而,不少人在選購旅遊保險時只求安心,不會像
購買其他保險前先細看保單保障範圍、條款及細則,以致出現
很多誤解,例如:為甚麼遺失手提電話不能獲得賠償?為甚麼
航班延誤又不能得到賠償?為甚麼同一個行程,朋友成功索償
而自己卻不能?市面上的旅遊保險計劃五花八門,提供不同需
要,就像手提電話一樣,價錢功能各有不同。因此,市民購買
旅遊保險前,必須了解清楚產品的內容,才能令你的保險保障
發揮作用,然後安心享受旅程。

1.1

○

綜合旅遊
保險簡介

○

「恭賀新禧，初五啟市」，齊老闆拿掉利群茶餐廳大門上的紅紙。新年第一天營業，他比平日更早到茶餐廳準備，齊師奶自然也一樣，跟老闆一同到場，執行一年一度的重要任務——拜神和派開工利是。不過，今年他們特別忙碌，事關茶餐廳兩名夥計放大假出外探親，初六才返工。齊師奶原以為初六才啟市，豈知齊老闆就是十年如一日：「利群茶餐廳一向是初四啟市，風吹雨打也要堅持，少兩個夥計沒所謂，否則怎樣向街坊交代！」幸好最終他在家人遊說下，作出一點點讓步，就是：遲一天，初五啟市！

「齊師奶，新一年恭喜發財，祝你財源廣進！」熟客七叔接過齊師奶手上那杯熱奶茶。

「祝七叔身體健康，龍馬精神！兩個夥計放假，今朝做到無停手。過年有甚麼好節目，之前聽你說好像是一家人去遊埠？」七叔正準備「放閃」，分享手提電話內一家八口到日本沖繩旅遊的相片，齊師奶看到水族館的相片不禁大叫。此時一直默不作聲的齊老闆終於也來湊熱鬧。「又的確壯觀，不過勞師動眾搭飛機搭車那樣麻煩，出門又要擔心水土不服又擔心被打劫，總之好麻煩啦。」

「今次被你說中了，不知是否孫仔太貪吃，還是小孩子受不了魚生。有天晚飯後突然肚痛，不過幸好是小事，看完醫生後便沒事。」七叔又分享那頓豐富晚餐的相片，齊師奶看得津津有味，「賣相很不錯，看來不像食物不乾淨。你們懂得說日文嗎？怎去看醫生呀？」

「當然不懂，不過阿仔立刻打了電話，然後便説沒問題，知道怎樣處理，叫我不用擔心。他們説買了旅遊保險，有 24 小時緊急支援服務，可以協助處理旅程上所發生的突發事件。」

不喜外遊，對保險又有些保留的齊老闆自然不會放過這個機會。「旅遊保險也不是萬能，上次有個客人説去旅行時相機跌爛了，以為買了保險，回來可以買部新的，怎知不獲賠償，説甚麼保單已寫清楚。不是每張保單都是一樣的嗎？是否奸商欺騙市民？」

「你的茶餐也有分 A、B、C、D 餐吧？A 餐茄牛麵，B 餐火餐通，就算我點 A 餐也不會投訴你沒有火腿吧！」七叔怡上的奶茶也凍了。齊老闆頓時不懂反應，亦不知怎樣反駁，輕聲說：「你平時都不點餐，喜歡散叫，還跟我說甚麼 A、B、C、D 餐。」

還是齊師奶此時出手，「出門買保險就好像拜神求個安心，哪裡需要懂得這麼多？或者直接參加旅行團吧，就不用擔心那麼多了。」

這回七叔竟然叫了 A 餐：「參加旅行團就不用買保險嗎？你兩個夥計去探親，有沒有買旅遊保險？」

「去探親又不是去玩，當地有熟人，不會有甚麼意外，還需要買旅遊保險？」齊老闆自覺理直氣壯。此時齊師奶剛剛放下電話，原來是其中一個夥計從機場致電，說原本的航班因為天氣惡劣取消了，大概要遲一天才能回到香港。

「在機場已等了大半天，最後依然不能如期上機，拿著大包小包到附近酒店休息。」齊師奶補充說：「他還說因為買了旅遊保險，所以如無意外也會有現金賠償，幫補一下等候時的膳食及酒店的費用。」

「我又不喜歡去旅行，哪裡懂這麼多。快些打電話給智保。」齊老闆忙說。齊師奶以為他要向兒子查詢旅遊保險問題，怎知他說：「夥計未返，叫他明天一定要來幫忙。」

旅遊保險就是買平安？

參加旅行團就不需要買額外保險？

旅遊保險其實有甚麼保障？

如果你跟齊老闆和齊師奶一樣一知半解，不如從最基本開始認

識旅遊保險。

綜合旅遊保險計劃

一般而言，坊間所謂的「旅遊保險」即是「綜合旅遊保險」。綜合旅遊保險是一種全面的旅遊保險計劃，為受保人提供旅程中不同的保障，範圍包括個人意外、醫療費用、財物損失、行程延誤或取消等等，當中設有「除外責任」事項，而每個保障項目內或一般除外責任也列明相關條款。市面上有不少綜合旅遊保險計劃，當中保障項目基本上差異不大，只是條款上或會有所不同。至於賠償金額上限，則按個別計劃的等級而定，選擇保費高一點的等級，賠償金額上限亦會相對地多一點。就好像在乘搭飛機時，選擇頭等、商務或是經濟艙，同樣可以帶你到目的地，不過想獲得好一點的享受，就要多付一點錢。

甚麼人需要購買旅遊保險

購買保險其實就是風險轉移，而旅遊保險就是為你的旅程提供安全網，透過購買不同的旅遊保險產品，轉移旅程的潛在風險給保險公司，在你外遊時為你的個人安全及財物提供保障。

無論週末飛一小時台北三天兩夜之旅、坐高鐵去廣州開會，還是長途跋涉飛溫哥華探望親友，不管你準備去哪裡，也不管你去做甚麼，只要踏出香港以外的地方，旅遊、探親、商務公幹、升學的外遊人士，都應該購買旅遊保險。

市面上的旅遊保險計劃林林總總,選擇甚多,購買前宜了解當中的不同保障範圍、條款及細則和除外責任事項,找一份切合你需要的保障計劃。

旅遊保險的保障範圍

個人意外

保障受保人在旅程期間,因遭遇嚴重意外而身故、永久傷殘或嚴重燒傷的一筆過現金賠償。

醫療費用

在旅途中因意外或疾病而需要接受緊急治療的費用,包括門診、住院醫療費用等合理及必須的醫療費用。詳細可分為當地就醫費用及回港後覆診的醫療費用兩種:

1. 當地就醫費用

在旅途中因意外或感染疾病而引致的當地緊急醫療費用。

2. 回港後覆診的醫療費用

如受保人曾於外地就醫,在返港後指定限期內(如:90天)因同一意外或病症而引致合理及必要的覆診醫療費用。

如受保人在旅程中直接因嚴重意外或事故而被診斷罹患創傷後壓力症,而須於旅程期間或回港後指定限期內(如:90天)接受心理輔導,部份保單亦會為該輔導所引起的合理醫療費用提供保障。

另外，投保人宜留意保單內容，例如：門診及中醫治療等或設有每日就診次數上限、每日每症最高限額或每次意外／病症最高賠償限額。

24 小時緊急支援服務

· 緊急醫療撤離或遣返

如受保人在旅程中染病或因意外受傷而需要緊急醫療撤離或遣返，保單提供緊急醫療運送開支保障，部份保單的緊急醫療撤離及遣返保障額更不設上限。由保險公司授權的 24 小時緊急支援服務公司（下稱「支援公司」）就個案與主診醫生商討，因應受保人的傷勢或病況，以及當地醫療設備作出評估，提供適切治療，包括安排緊急醫療撤離或遣返。

「緊急醫療撤離」是指因當地醫療落後，受保人需要緊急醫療運送至就近有足夠醫療設備的醫療中心以便接受治療；而「緊急醫療遣返」即將受保人送返香港治療。運送方式可包括救護車、飛機、鐵路或任何其他適當的運送方式，支援公司會根據個別醫療需要作出評估，以決定有關交通安排及最終運送目的地。

然而，投保人需留意，以上安排必須由支援公司或其授權代表批准及安排，擅自作出安排將不獲保障。此外，因已存在的病患引起的緊急醫療撤離或遣返費用乃屬除外責任事項。

緊急醫療撤離或遣返＝醫療專機？

大家也許知道飛機氣流或氣壓都會影響飛行。為保障受保人的性命安全，主診醫生及支援公司必須先評估受保人的狀況，確保受保人的情況適合飛行，方會安排空中運送。

如受保人的情況適合飛行，且不需要大量專業醫療儀器（例如膝蓋受傷），支援公司會提供商務客位，以便有較多空間，方便受保人移動。如果受保人需要臥床（例如腰部受傷），支援公司會與航空公司協調，拆除部份民航機機位，以擔架方式運送受保人往緊急醫療撤離或遣返目的地，並會於機上安排醫護人員及適用的醫療設備，確保受保人在航程中安全。如受保人雖適合飛行，但情況嚴重（例如不清醒）及緊急，則會安排受保人乘搭配備專業醫療器材的醫療專機，由醫護人員陪同前往緊急醫療撤離或遣返目的地。

・入院按金保證
如受保人因意外身體受傷或患病而需要入住醫院，將為受保人提供辦理緊急入院所需的按金保證。

・親屬探望
若受保人不幸身亡，或因嚴重受傷或疾病而需住院，將保障親屬到當地探望陪伴或處理相關事宜所需的合理住宿及交通費用。一般而言，此處所指親屬為直系親屬，亦有部份保單為非

直系親屬或朋友的相關費用提供保障。保單並就親屬人數設上限，多數列明為一位。

・子女護送
如受保人不幸於旅程中嚴重受傷或身故，受保人同行子女無人照顧，將保障一位成年直系親屬到當地照顧及陪伴該子女（一般指 18 歲以下人士）返回香港。一般會保障其合理額外住宿及往返交通費用。

・遺體運送
一旦受保人不幸身故，透過 24 小時緊急支服務援公司運送受保人的遺體或骨灰返港的合理費用。

・其他服務
除上述服務外，24 小時緊急支援服務範圍還包括提供：旅遊證件／行李遺失支援、代購機票、轉介翻譯、法律意見、領事館補辦證件和醫療機構位置，及安排緊急入院等。旅程期間如有需要，受保人可致電保單上的 24 小時緊急支援服務求助。

身故恩恤金
受保人於旅程期間因嚴重身體受傷或患上嚴重疾病，導致不幸身故，受保人的合法遺產代理人或指定遺產受益人可獲賠償恩恤金。

行李延誤
到達目的地（香港除外）後卻未能取得託運行李？如預先安排

的公共交通工具出現將行李錯誤送至另一目的地的情況，令受保人在抵達其行程目的地（香港除外）後指定時數以上仍未能取回行李，部份保單會為受保人購買必需品（如衣服／個人護理用品等）的費用提供保障。條款一般會列明延誤時數及補償上限。

宜注意，如有關延誤是遭海關或其他機關扣留或充公所引致，則不獲保障，而有關延誤亦須由航空公司或旅行團營運商提供的書面報告證實。

個人財物保障

·個人物品

保障旅程期間因意外導致的個人物品損失或損毀。宜注意，部份保單或於「個人物品」下設分項，例如手提電話、平板電腦或手提電腦，並列出分項最高賠償上限。個別物件或被列為除外責任事項，受保人宜留意保單條款及細則。

·遺失金錢

保障受保人因被盜竊、搶劫或爆竊而損失現金、銀行本票、旅行支票等。宜注意，保單一般要求受保人在發生事故的 24 小時內向當地警方報案才受理索償。

·遺失旅遊證件

賠償因被盜竊、搶劫、爆竊或意外而遺失的旅遊證件及／或交通票據的補領費用，以及前往最近地點補領該遺失文件所需的合理額外交通及住宿費用。

旅程延誤

如因遇上惡劣天氣、自然災難、突然爆發涉及已安排乘搭的公共交通工具的工業行動、暴動、內亂、恐怖主義活動、機場關閉、已安排乘搭的公共交通工具遭騎劫或機件故障，而引致已安排的公共交通工具延誤，受保人將根據延誤指定時數，獲得現金津貼，或額外酒店或機票賠償。如受保人遇到以上無法避免的延誤，保單亦可獲自動免費延長，大部份保單可將受保期自動免費延長約 10 或 14 天。

旅程取消

受保人若遇上以下這些情況，並需要在未出發前的指定日數內取消行程，可獲賠償已預先繳交且不獲退還的旅遊費用，包括：

- 受保人或其直系親屬、緊密業務夥伴或同行夥伴患上嚴重疾病，嚴重身體受傷或不幸身故；
- 受保人收到法庭傳票需要出庭作證、當陪審員或需被隔離；
- 受保人於原定受保旅程出發前的指定日數內（如一星期前），目的地突然爆發公共交通工具罷工、廣泛爆發傳染病、暴動或民亂、自然災難、惡劣天氣或恐怖活動等；
- 受保人的香港主要住所於受保旅程出發前的指定日數內（如一星期內），因火災、水淹、自然災難或盜竊，導致嚴重損失，受保人在出發日仍需要留在該處；
- 受保人於出發前的指定日數內（如七天內），目的地獲發外遊警示，將按「外遊警示」伸延的保障項目賠償。

提早結束旅程

受保人因以下原因,需要提早結束旅程(即提早回港),可獲賠
償當中額外的酒店或機票開支,或不獲退還的旅遊費用,包括:

- ·受保人或其直系親屬、緊密業務夥伴或同行夥伴不幸身故、
  嚴重身體受傷或患上嚴重疾病;
- ·目的地遇上惡劣天氣、自然災難、廣泛爆發傳染病、突然爆
  發涉及已安排乘搭的公共交通工具的工業行動、恐怖主義
  活動、暴動或內亂,因而不能繼續行程;
- ·旅程期間當地獲發外遊警示,則將按「外遊警示」延伸的保
  障項目賠償。

個人責任

如受保人因疏忽直接導致意外,令他人身體受傷或財產遭受損
失或損毀,而須對第三方承擔法律責任及賠償,亦受保單保障。

租車自負額

自駕遊盛行,人生路不熟,若不幸租用車輛遭盜竊,或於駕駛
時發生意外或車禍而令汽車損毀,而受保人需要承擔汽車保險
自負額,此條款則會賠償汽車保險的自負金額,即免賠額。但
此項保障的前提是受保人必須經出租車公司額外付款為出租車
輛購買綜合汽車保險。

其他保障

在一般的基本保障以外,個別旅遊保險保單亦提供以下保障:

· 家居物品損失保障

在旅程期間，若受保人於香港的空置住所遭爆竊，可獲賠償重置或修理家居物品及個人財物（金錢除外）的費用。

· 高爾夫球「一桿入洞」保障

如受保人在認可的高爾夫球場內成功「一桿入洞」，可獲獎勵於該球場內酒吧慶祝的一次過消費。

· 信用卡保障

如受保人於旅程期間因意外身故，將獲賠償其於旅程中以信用卡簽賬購物而未繳付之款項。

· 額外寵物住宿

如受保人因旅程延誤而無法從持牌狗舍／貓舍或寵物酒店接回寄養之狗或貓，所產生的額外寄宿費用，個別保單亦提供保障。

除外責任

投保前已存在的病患、自殺、墮胎、流產、懷孕、分娩；參與非法或違法行為、恐怖主義行為；因勞動工作、職業運動、某些歷奇活動或極限運動、專業性質可以為受保人帶來收入或報酬的活動，而造成的有關事故；戰爭和一些嚴重騷亂，都不屬於旅遊保險保障範圍。投保人在投保前可先了解保單上列明的各種除外責任事項。

1.2

其他種類的
旅遊保險

全球化令出外旅遊工作變得越來越普遍,旅遊保險亦因應不同的市場需要而推出相應的旅遊保險計劃。

郵輪假期旅遊保險

郵輪旅程跟其他旅遊形式不同,由於郵輪一般需要停靠多個地點,行程往往涉及岸上觀光,因此,若其中任何一個國家的政局、政策、天氣或疾病管制措施有所變更,便會對郵輪能否順利進出港口構成直接影響,進而增加行程延誤或取消的可能。郵輪假期旅遊保險因此應運而生,提供一般旅遊保險未能涵蓋的額外保障。

一般而言,郵輪假期旅遊保險提供的額外保障包括:

因旅程延誤錯過郵輪假期或取消郵輪行程

如接駁原訂郵輪假期的公共交通工具因旅程延誤超過指定時數,以致受保人未能登上郵輪,受保人將可獲得保障。

岸上觀光保障

可分為縮短觀光、取消觀光及觀光後錯過登船三種:

縮短岸上觀光

如受保人已經開始岸上觀光行程,但因保單指定情況(如觀光地點發生自然災難或罷工等),以致必須放棄岸上觀光及返回

船上，可獲得現金津貼。

取消岸上觀光

如受保人因指定情況（如受保人或同行旅伴在航程期間不幸身
故、嚴重身體受傷或嚴重患病，觀光地點發生自然災難或罷工
等），而需要取消已預訂及繳付的岸上觀光行程，將可獲得不
獲退回的訂金或現金津貼賠償。

岸上觀光後錯過登船

如受保人進行岸上觀光後，因指定事故（如觀光地點發生自然

災難、罷工，或受保人在岸上觀光期間因事故需要入院接受治療），而無法在原定時間登船，並需自行前往旅遊行程表內的下個停泊港口，有關額外海外住宿及交通費用將可獲保障。

郵輪沉沒行李保障

如受保人因郵輪沉船而永久失去個人行李，將可獲保障。

郵輪緊急通訊

如受保人或同行旅伴嚴重身體受傷或嚴重患病,而需要結束受保旅程,郵輪上的緊急通訊費用(如衛星電話)將可獲保障。

部份保單亦提供特別保障,如:郵輪正式晚宴禮服因意外損毀,岸上觀光期間遺失旅行證件引致重新接駁郵輪,非自願更改或取消原定停泊港口,因非自願性滯留而造成的額外酒店、寵物住宿及機場泊車開支等。

海外留學旅遊保險

專為受保人到海外升學或進修而提供的保險計劃,不單提供一般旅遊保險的保障,亦加上多項適合留學相關的額外海外保障項目,照顧留學生在外地求學時的需要。

一般而言,海外留學旅遊保險提供的額外保障包括:

學業中斷

如受保人因保單指定事故(如連續住院達指定日數以上、患上嚴重疾病、死亡、近親死亡,留學國家發生自然災難、恐怖襲擊或當地獲發黑色外遊警示等)必須取消或中斷學業,將可獲賠償未使用而不可退回的預繳學費。

教育基金

如受保人的父母或監護人因意外死亡或導致完全永久傷殘，受保人將獲支付該年度尚未繳付的學費。部份計劃受保人的年齡設有限制。

其他旅程或休閒活動

如受保人在留學期間參與不同的旅程，又或於放假時到鄰國旅遊，亦毋須另購旅遊保險。保單會為受保人於學習旅程中的休閒和業餘體育運動而引致的意外受傷提供相關保障。

為切合就讀短期課程及全年留學的海外留學生需要，市場上的海外留學旅遊保險計劃保障期各異，個別計劃的保障期可長至超過一年。此外，部份產品亦為受保人的海外居所因火災、水浸、天災等引致損失、學生簽證遺失、受保人遭受綁架而意外身故等提供保障。

選擇海外留學保險時需要注意，部份計劃對受保人設有年齡限制。除此之外，大部份教育機構均要求留學生購買醫療保險，故此，部份計劃容許投保人根據留學目的地需要，選擇剔除醫療保障或包括有關保障，以防萬一。同時，由於各國生活費用水平不一，受保學生出發前宜先了解目的地的生活指數，繼而選擇保額合適之海外留學保險計劃。詳細受保範圍及條款將視乎個別保險計劃而定。

工作假期計劃保險

工作假期計劃保險專為 18 至 30 歲持有工作假期簽證的人士
提供長達一年在海外工作假期期間的保障。現時，新西蘭、愛
爾蘭、德國、日本、加拿大、韓國、法國、英國、奧地利、匈
牙利、瑞典、荷蘭及意大利[3]的工作假期計劃，均要求參加者
就他們在當地逗留期間購買保險。

除傳統旅遊保險提供的保障，工作假期旅遊保險還為受保人在
海外受僱於不同行業提供保障。宜注意，工作假期保險只保障
合法受僱的工作，因此不論受保人在工作假期期間從事任何職
業，均須確保自己按當地法例受聘。同時，若在當地從事風險
較大的勞動工作（例如涉及機器操作），則為除外責任事項；
保單的除外責任事項會列明不受保工作，受保人宜多加留意。

「中國醫療卡」保險

有別於一般的綜合旅遊保險，「中國醫療卡」保險主要保障受
保人在中國內地因疾病或意外受傷所需的住院醫療費用，包
括：受保人在返港後指定日數內的住院覆診費用、意外身故或
永久傷殘賠償、緊急支援服務（例如：緊急醫療撤離或遣返、
親友探望和送子女返港），以及個人責任等。

投保人應選擇一般的綜合旅遊保險，還是「中國醫療卡」保險呢？

「中國醫療卡」保險專為經常往返內地的人士而設，以往因為不少香港人時常往返內地做生意或短暫居住，保險公司特別設計了「中國醫療卡」保險，其實也是一份旅遊保險，但是涵蓋的保障項目比一般的綜合旅遊保險為少。另一方面，一般的綜合旅遊保險設有「中國醫療卡」保障項目，在緊急情況下，受保人只需出示醫療卡，即可免預付入院按金，在內地醫療卡計劃的網絡醫院接受診治。如在非網絡醫院接受治療，則須先行支付按金，方能得到醫治。時至今日，大多數保險公司已經在綜合旅遊保單內伸延「中國醫療卡」保障項目，以方便受保人經內地再乘飛機到其他國家旅行。

註釋：

1　資料來自香港政府統計處「香港統計數字」，網頁於 2021 年 1 月 15 日擷取自 https://www.censtatd.gov.hk/hkstat/hkif/index_tc.jsp
2　資料來自香港工會聯合會於 2019 年 4 月 13 日發佈的調研報告：「旅遊保障不可不知」問卷調查結果發佈會，網頁於 2021 年 1 月 15 日擷取自 http://www.ftu.org.hk/zh-hant/media/research_report_detail/?news_id=3331
3　資料來自香港勞工處，網頁於 2021 年 1 月 15 日擷取自 https://www.labour.gov.hk/tc/plan/whs.htm

CHAPTER

2

如何選擇
旅遊保險
計劃

「這家是擁有過百年歷史的寺廟……」齊師奶與齊大俠目不轉睛地盯著電視熒幕。

每晚這個時候，兩人總會坐在電視機前面看旅遊節目，即使今天齊家上下四代同堂一起吃飯，也無阻他倆對旅遊節目的熱愛。齊師奶總是説：「雖然我去不了，但看看也好。」齊大俠則道：「雖然我一把年紀，卻依然對世界充滿好奇。」

「我上月就去過這裡呀，要不要看看我拍的相片？」飯後，智保與小外甥玩玩具，保宜剛好從廚房走出來，智保便問保宜。

「不看不看，不要再引誘我了。」自從孩子出生後，齊保宜與顧家南就一直沒有機會去旅行。

齊師奶聽到女兒這麼説，忍不住開口：「你們可以一家三口一起去旅行呀。」

保宜不是沒有這個想法，只是她覺得帶著孩子出門實在有點麻煩。可是，轉眼間孩子已經三歲了，「識行識走」。此時智保也插嘴：「對了，姐夫下月不是要到新加坡公幹嗎？倒不如叫他完成工作後多留幾天，你去會合他一家三口玩幾天，還可以到馬來西亞，那邊有個 Legoland。」

保宜頓時如夢初醒：「怎麼我沒想過？為甚麼你知道他要去公幹？」原來顧家南上星期才找智保查詢旅遊保險計劃。

「去吧去吧，反正家南也要出門，這樣至少省了一張機票的錢。」一直在旁默不作聲的齊老闆也加入，要知道精打細算不是女人的專利，身為老闆的他自是精明。

旅遊節目播放完畢，齊師奶走過來跟保宜説：「事不宜遲，快點訂機票和酒店，反正智保也要幫家南買旅遊保險，就幫他們一家三口買一樣的旅遊保險好了。」齊師奶自覺機靈，知道去旅行要買旅遊保險。

「我可以幫忙，但保險卻不會是一式一樣呀。」

齊老闆不放過批評的機會,「保險就是這樣麻煩,明明一家三口去同一個地方,怎會不一樣?」齊師奶嘗試幫忙:「旅遊保險都是求安心,智保你上月不是去了日本嗎?那麼就跟你買的一樣,準沒錯吧!」

智保還未開口,保宜便說:「他常常出外遊埠,買的是全年多程旅遊保障,我則是幾年先發一次市,怎會相同。」

「沒錯啊家姐,而且因為你們不是同一日出發,目的地也不同,所以這次不能三人一併購買比較優惠的家庭計劃。」

「不如我也一起去，原來我的護照還未到期。」齊大俠突然拿著護照走出來，此時齊老闆眼見齊師奶正想開口說話，搶先說：「不要發夢了，我們去旅行，利群怎麼辦？」

齊師奶唯有說：「誰說要去旅行？我只是擔心又老又嫩去遊埠，他們照顧不來。」

「爺爺天天耍太極，身體強壯，出門幾天完全沒問題，而且也可揀選三歲至八十歲也有保障的旅遊保險，不用擔心。」齊智保在旁不斷鼓勵。

眾人說得興奮，齊保宜還是忍不住要潑一潑冷水。「其實，大家別高興得太早，我先要問問你姐夫⋯⋯」

購買旅遊保險前的考慮因素

如果這次家庭旅行成事，齊氏一家應該選購哪種旅遊保險？事實上，各個旅遊保險計劃都有其特色，購買時必須按個人需要選擇。

多久出門一次？

旅遊保險計劃主要分為單次旅遊及全年多程旅遊兩種，兩者的保障範圍大致相同，分別在於出門的次數。顧名思義，單次旅

遊計劃只為一次旅程提供保障；而全年多程計劃則一年只需投保一次，投保後 12 個月內的外遊旅程只要不多於指定日數，都一律受保障，不必每次外遊前花時間重新比較和格價，購買新保單。故此，投保人選擇保單時，宜先考慮未來一年的旅遊次數，倘若喜愛旅遊，每年都要多次外遊，或經常外出公幹，不妨考慮購買全年多程計劃，因為這樣會比較划算。

全年旅遊計劃一般可分為「中國內地」、「亞洲」及「全球」三大保障地區範圍；保障地區範圍較小者，價錢較便宜。投保人可先預計個人全年外遊需要，再根據地區範圍選擇計劃。

留意旅遊保險都設有保障期限，以單次旅程的旅遊保單為例，大多數是保障 90 或 180 天內的旅程；全年旅遊保障則為每次旅程在 90 或 120 天以內。如需要更長的旅遊期保障，必須與保險公司事先商討延伸保障。

一個人、兩口子還是一家人？

旅遊保險可為個人、夫婦及家庭提供特定的旅遊保障。如果一家人外出旅遊，可選擇購買家庭計劃，價錢一般比較優惠。家庭計劃通常可為投保人、其配偶及未滿限定歲數的子女提供保障。同行子女的歲數上限或因應保險計劃而有所不同，普遍為 16 至 18 歲。消費者宜留意，個別計劃或就受保子女數目設有限制，此外，小孩的保障額亦較成年人低。

市面上的旅遊保險普遍設有受保年齡上限，即使部份計劃或不

設年齡限制，高齡人士在重要保障項目，如人身意外、醫療費用等方面，保障額會較少。因此，若與高齡父母同遊，為其選購保險時宜加倍留意計劃年齡限制，以及醫療費用、緊急醫療撤離／遣返、住院按金、意外傷亡、回港後續醫療費用有否另設賠償上限，並應考慮父母的已存在的病患，以策萬全。

要去哪裡？

各個保險計劃承保的地區範圍及保費均可能有所不同，投保前應確保旅行的地點已包括在保障範圍之內。如行程包括日本和美國，即是跨越了兩個地區，便需要選擇全球保障計劃。

香港政府於 2009 年設立外遊警示制度，目的是以系統性的評級標準，協助市民更容易了解在前往 88 個較多港人到訪的海外國家或屬地時，可能面對的人身安全風險，從而評估是否適合前往該地旅遊。香港保安局的外遊警示制度會就該國家的公共衛生或社會穩定等方面進行評估，當中包括風險的性質（例如是否針對旅客）、程度及持續性，並考慮是否需要發出外遊警示。警示共分為三級，分別為黃色，代表有威脅跡象，市民要留意局勢，提高警惕；紅色，表示有明顯威脅，建議調整行程，如非必要避免前赴當地；以及最高級別的黑色，即有嚴重威脅，不應前赴當地。

外遊警示會對旅客的行程有所影響，在極端情況下，旅客甚至需要取消行程。一般而言，旅遊保險會因應香港保安局對目的地發出的不同外遊警示級別，就已繳付並不獲退還的旅遊費用

劃分賠償比率，例如黃色警示是 25%，紅色警示是 50%，黑色警示是 100%。因此，投保前必須了解目的地的狀況，而選擇包括外遊警示保障的旅遊保險可助你減低損失。

參加甚麼活動？

不論是喜愛刺激活動，或是享受自駕遊的樂趣，也可因應旅程中的預計行程活動而選擇合適的保險計劃。例如已預先租賃汽車作自駕遊，便可選擇有租車自負額保障的計劃；喜愛滑雪、玩滑翔傘、乘坐熱氣球、攀岩、騎馬、潛水或跑馬拉松等刺激活動，則應選擇包含相關活動保障的保險計劃。

購買旅遊保險時的注意事項

何時購買？

早買早享受，切忌臨急抱佛腳。在旅遊保險中，旅程的定義是指受保人從香港出發開始，直至返回香港境內為止，因此一般的旅遊保險須於離境前投保全程旅程才有效，如果離境後才購買旅遊保險，保險公司將不會承認該保單的有效性。即使投保人在旅程中途購買旅遊保險，保單也不會成立，假若遇上意外便不會獲得保障。

旅遊保險由購買一刻開始生效，所以當你已確定行程，亦已支

付了旅遊費用的訂金,就可以購買旅遊保險。即使距離出發行程還有一段日子,你所投保的旅遊保險計劃也已經發揮作用,因為假若遇上突發事件而引致行程取消,例如:受保人或其直系親屬死亡、蒙受嚴重損害或患上嚴重疾病而要取消行程;原定受保旅程出發前一星期內,突然爆發公共交通工具罷工,目的地廣泛爆發傳染病、暴動或民亂、自然災難、惡劣天氣或恐怖活動等;香港主要住所於受保旅程出發前一星期內因火災、水淹或盜竊導致嚴重損毀,需要受保人於出發日期留於該處;香港政府對旅遊目的地發出黑色外遊警示(而黑色外遊警示屬保障範圍)……受保人也可得到旅遊保險的保障。保單條款會列明突發事件的發生日期,例如旅程出發日前 7、10、30 或 90 日內,如在指明的日期內發生保單保障的突發事件,則可獲保障。

另外,投保人也要特別注意出發時間。由於旅遊保險的保費以行程啟程日至回程日作計算,假若乘搭凌晨航班,例如:7 月 1 日的凌晨 12 時半,由於你在數小時前已從家中出發前往機場,所以實際啟程日應為 6 月 30 日,而非 7 月 1 日。

注意「除外責任」及「不保事項」

雖然旅遊保險的覆蓋範圍甚廣,但也有某些事項不在保障範圍內。所有旅遊保險計劃都設「除外責任」事項,一般包括戰爭,自殺,參與非法行為,政府禁令或遭海關或有關機構充公、扣留或破壞財物,濫用酒精或藥物,投保前已存在的病患,懷孕、流產或分娩,某些極限 / 職業運動(如賽車)所造成的事故等。保險公司往往會在保單中就所有具特別含意的詞

彙列明定義，投保人宜一併閱讀定義和除外責任事項。

此外，在每項保障範圍內，也有某些除外責任事項，例如「行李或個人財物」當中，除外物件或會包括手提電話及電腦、電子貨幣（如信用卡、八達通卡）等。受保人應採取合理和必要預防措施確保個人行李安全，沒有看管的個人財物損失亦不受保障。投保前必須細閱當中的條款，仔細了解保障範圍、條款及細則。投保人在申請保單時亦應謹記必須如實提供資料，如在索償中存有任何欺詐成份，所有索償將不獲受理。

至於「不保事項」意指並非列明的指定風險引致，例如行程延誤保障項目列明，只有因天氣惡劣引致航班延誤才獲得保障。假若事故是由地震引致航班延誤，因地震並不是列明的指定風險，所以不會獲得保障。

比較不同旅遊保險計劃

旅遊人士有不同的需要，故市場上也有不同的保險計劃，投保前宜先作比較，不要單純以保費高低作為考慮因素。保費的定價取決於多方面原因，例如外遊目的地、外遊日數、受保人年齡、保障範圍和保額等，保費高不一定代表賠償額高，保費低也不意味著受保範圍少。同一間公司的保單也可能分為不同級數，例如普通、尊貴計劃等，代表賠償上限不同，因而保費也有分別。

選擇旅遊保險時，最重要是按照個人需要，從保障項目、保障

額、保費等方面，選擇切合自己需要的保險計劃，並留意當中的不保事項或除外責任事項。如對保單條款有疑問，購買保險前可致電保險公司查詢。

索償須知

受保人外遊時應隨身攜帶保單正本或影印本。保單內列有保險公司名稱和保單號碼，萬一遇事，受保人可及時查閱旅遊保單的保障範圍，以及聯絡保險公司或 24 小時緊急支援服務公司。如在旅程中遇上意外，應立即向相關機構，例如警方、航空公司、旅行社等備案，並保留相關文件正本，例如報案記錄、航空公司延誤的證明、醫療證明報告及相關單據的正本或相片等，以便在指定期限內向保險公司提出索償申請。

旅遊保險
索償

3.1

索償時應注意的事項

「對不起，要遲到了。」智保正打算離開公司，約了舊同學 Joe 吃晚飯。Joe 經常出外公幹，兩人每次見面，Joe 不是剛下飛機，就是準備出發。收到訊息後，智保想到他可能是剛下飛機。「是在機場嗎？」果然不出所料。不過 Joe 遲到不是因為航班延誤，而是行李延誤。

Joe 跟智保說，同一航班的旅客好像都提取了行李，擔心自己的行李還流落在遠方。智保頓時發揮其專業精神，立即打電話給 Joe，告訴他如果行李真的不見了，緊記要到機場的航空公司櫃位報失。

「看來真的是流落異鄉了，幸好電腦放在隨身攜帶的手提袋內，但相機還在行李裡，還有在東京買的新波鞋呢！對了，如果最終行李還是找不到，旅遊保險有甚麼保障？」Joe 不只是智保的舊同學，也是他的客戶之一。

「如果是航空公司的過失，他們自有安排，你是這家航空公司的 VIP 客戶，不用我多說吧。至於波鞋和相機，也應該沒問題的……」還未說完，Joe 插嘴說：「那麼你明天幫我處理吧，你辦事我放心。」智保急不及待補充，「我還未說完，老友，你也要提交相關證明文件，例如你的波鞋、相機，有沒有單據？還有，我不是叫你要先到航空公司報失，要是文件不齊全我也無能為力……」

說著說著，電話另一邊像靜了下來。叮叮，智保手機收到 Joe 傳來訊息：「剛才接收有問題，聽不清楚你說甚麼，一會見

面再說吧。」

智保心想：還是現在發訊息給他，提醒他要準備哪些文件。經
驗告之，每次客戶申請旅遊保險索償，不知道是否項目比較
瑣碎，證明文件總是不齊全，往往因為欠缺了某些重要證明
而未能成功索償，因此他有責任跟客戶清楚說明索償保單的
條款細節。

———————————————

索償前的準備工作

不少人在購買旅遊保險時只求安心，大多沒留意保單條款及在甚麼情況下可以提出索償，更加沒注意索償程序，例如需要提供甚麼證明文件、提出索償的限期等，但這些因素卻往往令受保人未能成功索償。假若意外在外地發生，而受保人在當刻並沒有把文件準備妥當，回港後也未必能補回所需文件。所以在購買旅遊保險時要留意索償程序，才能確保索償過程順利。

事實上，市民對於保險索償的理解不夠清晰，因而容易出現不

愉快的經歷。消費者委員會在 2018 年曾檢視市場上 18 個旅
遊保險計劃，指出相關的索償門檻嚴謹，以及賠償準則差異極
大及繁瑣。

根據消費者委員會發佈的新聞稿，該項調查針對了多個常見的
索償情況，包括醫療保障、財物損毀、失竊遇劫、行程延誤和
取消行程等。「調查發現，各個計劃的索償要求非常嚴謹，例
如涉及意外遺失、搶劫或盜竊引起的，受保人必須於事發後
24 小時內向當地警方報案，索償時須附上報案記錄，列明事
發經過及損失的項目及總額，如記錄所載的遇事經過不包括在
受保範圍內，亦可能不獲受理。」[1]

索償要求嚴謹，其實是為了保障投保人及保險公司的利益，防止
有人從中騙取保險賠償，導致保險公司蒙受損失，從而提高了旅
遊保險的風險，最終導致保費提高，受保人需一起分擔欺詐金額
的費用。另外，嚴謹的程序亦是為了確保受保人在公平原則下得
到保障，損失財物的舉證責任在受保人，這是其基本的責任。

假若個人保險投保人對保險賠償有所不滿，可以書面形式向保
險投訴局[2]求助，過程快捷簡便，費用全免。而消費者委員會
也提醒市民，購買保險前必須細閱條款，以及按保單條款準備
所需證明文件，以便申索賠償。

想擁有一個愉快的旅程，記得留意以下幾點，這樣即使不幸遇
上甚麼阻礙或意外，也不會不知所措。

外遊時隨身攜帶旅遊保險保單（影印本或電子版本）

隨身攜帶保單，以便查閱保障範圍、保險公司聯絡資料、保單編號，以及保險公司提供的 24 小時緊急支援服務熱線電話號碼，萬一旅途遇上意外也可即時致電尋求協助。另外，受保人亦應該把一份保單副本給予家人，萬一出現突發情況需要支援，家人也可以代為通知 24 小時緊急支援服務公司。

保留旅程相關證明文件

預先複印所有與行程有關的單據，如：機票單據、登機證等，保險公司一般會要求受保人提供此類證明文件，證明受保人確實曾經外遊。

注意索償時間

一般來說，受保人在意外發生後的指定日子內，要正式向保險公司提出旅遊保險索償申請，才有機會得到賠償。不同保險公司的限期不一，一般為受保人回港後的 21 至 30 天內。

提出索償所需文件

受保人須因應不同情況，提供相關申索文件，以下是提出索償時常見的索償項目及所需文件：

· 遇上財物失竊，必須在 24 小時內向當地警方報案，並要求有關警方發出詳細報案記錄或警方報告正本。

- 假若在乘搭公共交通工具期間發生財物／行李延誤、遺失或損壞的情況，請要求有關交通營運機構發出證明文件，並保留損毀的財物。索償期間，保險公司一般會要求受保人提交有關機構發出的證明文件及損壞財物的相片以茲證明，但亦有機會要求檢視有關物品。

- 如果行程因受保事件而取消或提早結束，請保留已預訂的旅行團、旅遊套票、酒店、機票等單據正本，並提供取消或提早結束之相關文件，如醫生證明書、陪審員或證人傳票等，以作證明。如果是疾病的緣故，則要提供醫生證明，列明不適宜出外旅行的原因。受保人亦需要先向有關機構提出書面要求退款及索取退款證明。

- 若行程延誤或有所更改，受保人必須提供交通工具營運機構發出延誤原因及時數證明、訂購額外酒店及機票單據正本。受保人亦需要先向有關機構提出索償。

- 如受保人在旅程期間因身體不適，而在當地診所或醫院求診，需要求醫生簽發病因證明書，並列明診斷結果，保留所有處方、醫療報告及醫療單據之正本。

- 如要就租車自負額提出索償，受保人必須提供有效駕駛執照、綜合汽車保單副本、汽車租賃合約副本、租車單據、自負額單據、汽車被盜／意外事件報告，以及警方報案報告、口供和紀錄等。受保人須同時向租車公司通報及索取損毀事故報告，詳細列明汽車受損情況。在可行的情況下，請盡量為意外損毀了的租賃車輛拍下照片，以便於索償時一併提交。

附錄：旅遊保險索償所需文件

受保人填妥索償申請表後，必須連同相關索償項目提交以下文件。另外，保險公司亦有可能要求受保人提供額外資料以處理索償申請。

所有索償類別都必須提交的文件：
· 登機證、機票或船票、行程表
· 香港身份證副本
· 學生簽證及學生證副本（適用於海外留學生保險）
· 工作簽證副本（適用於工作假期保險）

不同索償項目所需文件

索償項目	所需文件
個人行李／個人錢財／證件遺失	· 警方、航空公司、酒店或有關機構發出的遺失或損毀報告正本 · 損毀或遺失物品之購買或付款單據正本 · 顯示受損毀物品情況之相片 · 受損毀物品之維修報價及單據正本 · 補領旅遊證件之單據正本 · 額外交通及住宿單據正本（如適用）
旅程延誤或更改行程	· 有關航空公司或客運機構發出延誤原因及時數的證明 · 因更改行程所支付的額外公共交通費用，或額外支付／無法取回之已支付的海外住宿費用之證明文件或單據正本。

行李延誤	・有關航空公司或客運機構發出延誤原因及時數的證明 ・購買必須的替換衣物及梳洗用品之正本單據
取消旅程 / 提早結束旅程	・出發前已預繳或受保人開始行程後額外支付交通及住宿費用的單據正本 ・酒店、旅行社、航空公司或客運機構所發出的退款證明文件正本 ・已列出診斷結果及受保人 / 直系親屬 / 旅遊夥伴 / 密切商業夥伴不適合外遊或必須提早結束旅程之原因的醫療證明 ・死亡證副本（如適用） ・與受保人關係證明之文件副本，如出世紙、結婚證明書等（如適用）。
醫療費用 / 海外住院現金	・已註明診斷結果之醫療證明或醫療報告 ・出院撮要 ・醫生所發出之醫療單據正本，並註明診斷結果。 ・已列出住院時段之住院及醫療單據正本
意外死亡及 永久傷殘	・已註明診斷結果之醫療證明或醫療報告 ・有關註明死亡原因之文件，如死亡證、解剖或驗屍報告。 ・列明永久傷殘程度的醫療報告
個人責任	・所有事件中收到的索償、法庭傳票、告票或有關文件，須直接交由保險公司處理，受保人切勿自行回覆。 ・警方或有關機構發出之事件報告
租車自負額	・警方報告正本 ・租用車輛被盜 / 意外事件報告 ・租用車輛損毀之照片 ・租用損毀車輛的綜合汽車保單副本 ・汽車租賃合約副本 / 租車單據 ・租車自負額單據正本 ・有效駕駛執照

3.2

旅遊保險索償典型個案

自從兒子入讀幼稚園後,每天準時接兒子放學是齊保宜的重要
任務。這天保宜如常早了十分鐘,遠遠看到相熟家長 Eva。在
每天於學校門口等候接小朋友放學的人群中,她們是一眾外傭
姐姐中的少數家長,自然特別投契。

「泰國之行怎樣?」保宜把從馬來西亞買回來的手信交給
Eva。剛過去的假期,保宜和 Eva 分別去了馬來西亞和泰國旅
行,見面時自然分享一下旅遊趣事。

「多謝,五日四夜行程相當豐富,又有驚無險。」兩人交換手

信後，Eva 打開手提電話給保宜看旅行相片。

「咦，新手提電話？去完旅行又買新手提電話，你是中了六合彩嗎？」保宜問。

Eva 嘆氣説：「我説有驚無險，就是關於手提電話。我們逛夜市時不幸遇上小偷，被搶走了手袋，幸好旅遊證件放在酒店內，只是遺失了部份現金、信用卡和手提電話。」

「真是驚險，新的智能電話就是保險賠償嗎？」保宜心想：原

來旅遊保險真的有用。

「這不算是，智能電話賠償上限只有 3,000 港元，雖然被搶去的 iPhone 8 當日用了 8,000 多港元購買，但現在市價是 5,000 多港元，再加上折舊，所以這 3,000 港元算是幫補一下購買新手提電話的費用。」Eva 説。

下課了，小孩一個個走出來，兩位媽媽在人群中尋找自己的兒子。「新電話要小心保管，快快收好。」保宜忍不住提醒 Eva。

_____

個人財物的保障範圍

旅遊保險的個人財物保障範圍一般包括錢包、隨身電子產品（電話、相機等）。假若受保人在旅程期間不幸遇上劫案、盜竊，而遺失個人財物，便可以提出索償申請。

雖然個人財物保障是旅遊保險的基本保障項目，不過由於旅客在外地遺失智能電話的個案太多，風險太高，不少旅遊保險計劃都將手提電話、電腦或影音器材等物品加設賠償限額。因此，選購旅遊保險時，須特別留意「個人財物保障」一欄中，「手提電話」、「攝影器材」、「手提電腦及平板電腦」等的保障範圍條款及上限等，因為有些保單將該些物品列作除外責任事項。

若受保人在旅途中不幸遇劫或遺失財物，必須於 24 小時內向

當地警方報案，交代案發情況，然後取得詳細報案記錄或警方報告正本，作為索償的重要文件。如果沒有報案或遺失報案證明，就很可能無法獲得賠償。

不過要留意一點，索償個人財物損失，是根據保險彌償的原則，會對受保人所受損失提供精確的財務賠償，受保人不能因損失而得到額外的收益。正如上述故事中 Eva 的情況，她獲得的現金賠償不是原本購買財物的價值，因為賠償金額的釐定是視乎該物品在事發當時的價值，而該價值會受市場價值變動及損耗折舊影響。如果受保人無法為遺失的個人物件提供準確的型號資料，以及具有購買金額的單據，保險公司將難以為該物件提供準確的賠償。因此，經常外出旅遊的朋友最好養成為隨身攜帶的個人物品保留購買單據的習慣。若在出外旅遊時不幸意外遺失相機、平板電腦等物品，或遭劫去的話，你所保留的購買單據將在理賠過程發揮重要作用，不但是你曾購買該產品的證明，亦可以用以確定該產品的型號及購買日期，因為可能有些保單列明一年內購買而可以提交單據的物品，不會被扣減折舊的價值。

———————————————

東南西北中發白，齊師奶不停地清潔枱上的 144 隻「麻雀」。

「夠乾淨了齊師奶，而且陳師奶都未到。」張師奶黃師奶各自拿著手機，玩麻雀遊戲熱身。

叮噹叮噹，門鈴響起，陳師奶終於趕到。她一踏進門口就急忙道歉，「不好意思，遲到了，請大家吃大阪名物。」

四位師奶火速就位，手上摸著麻雀牌，嘴巴也跟著動。「剛才電話裡説不清楚，原本我是昨晚回到香港，所以今天打牌完全沒問題，也絕對不會遲到。不過因為日本颱風，航班取消，被迫要多留一晚，今早才坐飛機回來，我還沒吃午餐呢。」

「碰！我還以為你樂而忘返。」齊師奶一手碰牌，另一隻手拿餅乾給陳師奶「醫肚」。

「這次真是波折重重，我們在機場等了幾個鐘頭，航空公司甚麼也沒安排，最後航班取消了，唯有在機場附近租酒店住一晚，還要重新購買機票。不只我趕著回來見你們，兒子媳婦也要上班。」

張師奶放下茶杯，「上！又酒店又機票，豈不是破財？」

「幸好，雖然那家廉價航空公司的服務差勁，不過兒子說旅遊保險可以補償。食糊！自摸三番。」

三位師奶齊聲説:「但是你這次令我們延遲開局,我們是否有賠償?」

行程延誤的保障範圍

行程延誤所指的是由指定風險引起的情況,當中包括罷工、暴動、民亂、騎劫、惡劣天氣、自然災難或機件故障,導致旅客所乘搭之公共交通工具延誤。

外遊時,如果航班因為惡劣天氣而延誤或被取消,使受保人未能如期搭乘該交通工具,便屬於「行程延誤」的保障範圍。陳師奶一家因為指定風險引致航班取消,所以可得到旅遊保險中的行程延誤保障。此保障包括受保人因航班延誤或取消而滯留外地時,未能獲得相關機構賠償的額外租住酒店及相關的交通支出,可獲得實報實銷的住宿及交通賠償。

行程延誤其實有不同保障,保險公司會根據指定風險引致的延誤時數作出現金賠償。不同保險公司對行程延誤的時數計算和賠償金額不盡相同,大部份的保險公司也會列明,例如飛機起飛或到達時間延誤至少超過六小時,受保人將可獲現金津貼。

假若受保人需要另買其他航空公司機票到達緊接的下一個目的地,則會獲賠償未獲相關機構賠償的額外交通支出。賠償金額一般設有上限,根據各保險公司的保單條款而各有不同。

如果受保人因為指定風險引致未能接駁已預定的下一班航班，會獲賠償未獲相關機構賠償的膳食或額外酒店費用。留意延誤必須在無法控制及保單條款中的指定受保情況下發生，而非因受保人自己的行為引起，例如因在機場免稅店購物而錯過登機時間，便不算是指定風險下引致的行程延誤。也要留意保單中的條款及細則，例如保單或會列明現金津貼不能與額外住宿及交通費用一併索償。提出索償時，受保人必須提交由航空公司或其他交通工具發出的書面報告，註明延誤原因及延誤時數。

關於更改行程，以下這兩個不同個案，也是因為「更改行程」的定義而引致索償出現問題。

個案一：選擇不同的旅程路線

郭生郭太到日本旅遊六天，由於颱風迫近，航空公司通知他們原定於下午 12 時 55 分由福岡飛返香港的航班被取消，於是他們購買另一間航空公司的機票，乘坐同日晚上 8 時 30 分的航班，從福岡飛返香港。他們其後按旅遊保單內「更改行程保障」條款向保險公司就額外購買機票的費用提出索償。根據保單條款，「更改行程」是指「選擇不同的旅程路線及／或以不同的方向前行」。由於郭生郭太重新安排的航班仍是經同一路線從福岡返回香港，故並不符合「更改行程」的意思，保險公司拒絕賠償「更改行程保障」，即額外的機票費用，但向他們賠付最高限額的行程延誤（現金津貼）保障，即每名受保人2,000 港元。

個案二：郵輪旅遊之登船港口更改

陳先生一家參加了由香港出發，經廣州前往日本沖繩的六天郵輪旅程。由於颱風迫近，他們未能如期於出發當天下午 2 時在啟德郵輪碼頭登船。郵輪公司於同日上午 11 時安排專車接載陳先生一家到郵輪泊岸的下一站，廣州南沙港。他們於下午 6 時 30 分抵達南沙港，並於同日晚上 8 時前登上郵輪。其後陳先生根據所購買的旅遊保單中「旅程延誤」條款：「如受保人安排乘坐及列明於原定行程表上之公共交通工具因惡劣天氣而延誤超過六小時，則每滿六小時的延誤，保險公司會賠償 300 港元。」向保險公司提出行程延誤索償申請。

不過根據郵輪公司的行程表，郵輪原定於下午 6 時抵達南沙港。由於受保人一家於上午 11 時乘坐郵輪公司安排的專車離開香港前往南沙港，並於下午 6 時 30 分抵達，因此他們於離港時並沒有任何延誤，在抵達南沙港時僅有 30 分鐘的延誤。由於陳先生一家在離開或到達南沙港的行程均沒有延誤多於六小時，而更改登船港口不列作行程延誤的指定受保風險。鑑於有關延誤少於六小時，保險公司拒絕作出行程延誤賠償。

行程取消的保障範圍

至於行程取消的保障範圍，包括因為受保人個人原因，例如：受保人、同行旅伴或受保人的直系親屬（配偶、父母、祖父母

或子女）生病或過世，受保人需參加陪審團；外在原因，例如：受保人在香港的主要住所於受保旅程出發前一星期內遭到火災、水淹、自然災難或盜竊，導致嚴重損失；或旅程目的地於受保旅程出發一星期前突然爆發公共交通工具罷工，或廣泛爆發傳染病、暴動或民亂、自然災難、惡劣天氣或恐怖活動等，由此導致的行程取消也可得到保障。

要留意，取消行程指的是受保人要在旅程出發前便取消行程，若是已經出發，或已在旅程期間，則屬行程延誤、更改或提早結束。

個案三：因個人原因取消行程

李小姐原本打算明年農曆新年期間與男朋友到日本滑雪，因為是旺季，他們 9 月已預訂機票酒店。怎料 10 月時李小姐的父親急病入院，她馬上請了兩個星期大假照顧父親，之後才發現已沒有年假再去旅行，唯有取消行程，並打算就旅遊保險申請取消行程的賠償。然而「行程取消」的保單條款訂明，只會按某些指定受保風險導致受保人需要在出發前指定日數內（如三十天內）取消行程而進行賠償。如果受保人取消行程的原因不符合保單條款內訂明的受保原因，及沒有於出發前指定日數內取消行程，只是因私人原因或因個人意願而自行決定取消行程，則超出保單的保障範圍。李小姐明顯是因為私人原因而取消行程，故不能就取消行程獲得賠償。

另外，假若受保人因為酒店或航空公司的營運問題，例如航空

公司倒閉而取消行程，也不一定在旅遊保險的保障範圍內，大
家要留意個別保單的條款。

_____

夏天的太陽實在太耀眼，早上 7 時已經烈日高掛，智保差點
想戴著墨鏡到公園，爺爺卻還是氣定神閒，莫非練功數十載，
真的甚麼也不怕？

智保每星期一次跟齊大俠太極晨操，總會碰到幾位太極友：

陳伯、黃伯、楊老太，近日好像還欠一位。「Simon，好久不見，工作太忙還是偷懶不練功呀？」智保遠遠看到年紀跟他差不多、爺爺的徒弟仔 Simon，便問。

「早晨智保，我是久休復出呀。」

眼見 Simon 精神奕奕，馬步穩陣，狀態不錯。齊大俠卻叫他慢慢來，不要急。「你才剛剛康復，小心為上。」

智保這才知道原來 Simon 上月到北歐旅行，踩單車時不慎跌倒，

在當地求診後雖無大礙，回港後卻要做物理治療才能完全康復。

「記得出發前你提醒我要買旅遊保險，當時我認為沒必要，我一向身體強壯，而且北歐城市都很安全。幸好最後還是聽了你的建議，出發前上網買了旅遊保險。你知道嗎，哥本哈根真的是單車城市，從沒試過在馬路上跟那麼多人一起踩單車，可能是太興奮了，轉個彎就跌倒，結果扭傷了手。」

齊大俠使出入門招式「蹲馬步」，「你看，就是練了這一招，讓你跌倒後也能站起來。」

智保、Simon 齊齊蹲下，Simon 說：「是的，齊大俠。所以智保，我又怎會偷懶呢？若不是買了旅遊保險，這次在哥本哈根看醫生的費用真的不敢想像，而且連回港後做物理治療的費用也有得賠償，這次平安康復，真是不幸中之大幸。」

不知不覺一小時過去了，智保汗流浹背，「沒錯，任何事也要有所準備，外出遊玩也是一樣，要為可能發生的意外準備充足的保障。」

———————————————

醫療保障概述

外遊受傷的醫療保障

Simon 在旅行期間因為單車意外而受傷,還好他購買的旅遊保險內的醫療保障包括在當地接受合資格西醫醫療診症的費用,還有回港後的覆診和物理治療費用。其實一般的醫療保障都包括受保人在海外治療費用及回港後之覆診費用,當中包括物理治療、中醫治療,每項保障均設有每日最高賠償上限或總賠償上限。若遇上緊急情況,受保人可致電保險公司提供的 24 小時緊急支援服務熱線,以尋求協助。緊記外遊時隨身攜帶 24 小時緊急支援服務熱線電話號碼、個人資料及保單號碼等,若不幸不醒人事,身邊的人或者醫護人員也可幫你聯絡緊急支援服務公司。

踩單車、潛水、滑雪⋯⋯香港人經常到海外參與各類型的運動,還有近年流行的馬拉松賽事。假若旅客預計在旅程中會參加上天下海的刺激活動,則要留意旅遊保險保單是否將這些歸類為高危活動,而構成保單中的「除外責任」事項。投保前應比較各旅遊保險的保障範圍及除外責任條款,以選擇合適的旅遊計劃。

緊急醫療撤離或遣返

緊急醫療撤離是指受保人在旅程中因嚴重受傷或嚴重疾病,需要適切治療,而當地醫療設備不足,需要透過 24 小時緊急支援服務公司安排,運送受保人到鄰近地區接受緊急治療,其費

用會由保險公司支付。至於當中的緊急醫療遣返服務,則是指受保人已經接受了緊急治療,在身體狀況穩定的情況下,由24小時緊急支援服務公司安排運送回港。

24小時緊急支援服務公司提供緊急醫療撤離或遣返服務、國際醫療安排協助、人身安全援助等緊急服務,並因應個別情況,安排合適的轉送計劃,如陸路、航空或水路等,以符合受保人的醫療需求。在緊急醫療撤離時,支援公司會考慮受保人的傷勢,例如是否清醒、是否可以自己呼吸、可否坐下等,並與主診醫生溝通以作出安排。

一般較常見的航空運送是乘搭民航機,如果受保人傷勢較輕,例如腳部受傷不能屈曲,無法安坐在航班的正常座椅上,緊急支援公司則會安排航空公司拆除機位,以便騰出更多空間。另外,有些情況下受保人需要臥床,緊急支援公司也會安排航空公司拆除機位,方便放置擔架。如需要醫護陪同,他們會攜帶氧氣等基本急救裝備同行。但如果受保人情況嚴重,經緊急支援公司及當地主診醫生溝通後,有可能選用醫療專機運送。

身處外地時嚴重受傷或染上嚴重疾病,往往讓人手足無措,緊急醫療撤離或遣返服務便能讓受保人及時得到所需的醫療支援。2017年10月,影星劉德華在泰國拍攝廣告期間,於拍攝一場騎馬場面時墜馬,傷勢嚴重,需於當地醫院治療。因他腰脊受傷,行動不便,便獲安排海外醫療協作服務,乘坐醫療專機回港。機上醫療設備儼如一間小型醫院,有維生儀器,並會安排醫療人員陪同。

須留意的是，若緊急醫療撤離或遣返回國／遺體運送服務並非由 24 小時緊急支援服務公司或其授權代表批准及安排的話，相關費用將不屬旅遊保險保障之列。緊急運送費用高昂，尤其醫療專機費用動輒 100 萬港元，僅用於支援相對緊急的情況，任何受保人本身已存在的病患，則屬除外責任事項，將不能獲得此項保障。

早上開了三小時會議，大家都筋疲力竭，餓到打鼓，於是大夥兒會後決定去飲茶，醫肚之餘更需要閒談一下減減壓。顧家南原本打算趁午飯時間處理雜務，也被眾人拉著去了附近的酒樓。

「三軍未動糧草先行，吃飽最重要。」剛剛放大假回來的 Derek，身上的 Holiday Mood 還是揮之不去，拿著點心紙久久不放。

同事們七嘴八舌，談東說西，顧家南像完全置身事外，拿著手提電話去辦那些辦不完的公事私事。叉燒包、蝦餃、燒賣、干燒伊麵……眾人正拿筆畫下一道道點心，此時顧家南突然抬起頭，「你們是否有在外地租車的經驗？這次到越南視察廠房，我在考慮是否需要租車。」

Derek 把點心紙交給侍應，再拍一拍顧家南肩膊，說：「顧生真的是不理世事，我不是正在說新西蘭自駕遊的事嗎？」

顧家南有點不好意思，放下手提電話，「Derek 哥，得罪得罪，飲啖茶繼續説吧。」

Derek 自詡「車神」，這次到新西蘭卻敗於一隻迷途小羔羊腳下。「我以為新西蘭羊多過人只是傳説，這次就是要避開一隻獨行的羊仔而撞向路邊的大樹，幸好車輛只是稍微損毀，而我買的旅遊保險也包括了自駕遊的保障，最終埋單一毫子也不用付。」

顧家南便想到還沒買旅遊保險，又問：「不是租車公司也有汽

車保險嗎?還要額外購買?」

一籠又一籠的點心送到,Derek 雙眼馬上盯著點心不放,「都說糧草先行,吃個蝦餃再說。要不要看新西蘭的羊群?」

顧家南心想,還是先辦妥國際車牌,再跟秘書研究一下。

租車自負額保障

為甚麼 Derek 租賃的車輛在旅途中損毀了，他卻不需要出錢賠償呢？

這是由於 Derek 購買的旅遊保險計劃涵蓋了自駕遊項目中的租車自負額保障。租車公司一般都在租車條款內包括基本的汽車保險，但可能只是第三者責任保險，而受保人要額外經租車公司加買綜合汽車保險（俗稱「全保」），當中通常有一項叫「車輛損毀自負額」（即「墊底費」）。假若受保人購買了包括租車自負額保障的旅遊保險，便可享「自負額」的保障。例如 Derek 租賃的車輛損毀，假設維修費是 50,000 港元，而綜合汽車保險自負額是 5,000 港元，Derek 便要負責綜合汽車保險的租賃車輛損毀自負額，但幸好他於出發前選購的旅遊保險計劃中，租車自負額的保障金額上限為 5,000 港元，便可完全補償 Derek 需要付給租車公司的汽車保險自負額了。

那麼，顧家南提到租車公司的「汽車保險」又是甚麼？

其實是指租車公司購買的汽車保險。稱為「全保」的綜合汽車保險，涵蓋車輛損毀及第三者責任賠償，而當中有一項是受保人自行承擔的保險自負額。租車合約要求租車人如因汽車損壞，須負責該自負額。

此外，關於自駕遊，除了留意旅遊保險中的「租車自負額」保障外，亦要留意當中的「個人意外人身保障」及「醫療保障」。

「個人意外」保障是指在旅程期間，因遭遇意外或身故或永久傷殘的一筆過現金賠償；而「醫療保障」則是因意外或疾病而需要接受緊急治療的費用。假若受保人於海外自駕遊期間不幸遇上車禍，輕則延誤行程，重則導致傷亡，所以，投保前宜充份了解旅遊保險中這幾項保障的範圍、條款及各項保障上限。

有關「租車自負額」的注意事項

- 只賠償因意外碰撞及損毀或遭到盜竊而造成的損失，並不包括其他費用。
- 車輛必須由持有有效駕駛執照並受保的司機駕駛操作
- 意外發生時，該車輛必須由受保人駕駛。
- 該車輛必須於持有有效牌照的租車公司租用，並已簽署有效的車輛租用合約。
- 所租用車輛必須是規定由持有駕駛執照的駕駛人始能駕駛的車輛。例如電動摩托車等不須由持牌駕駛人操作的車輛則不受保。
- 所租用的車輛不得用於從事非法或違法的行為
- 確保租車公司合約已涵蓋出租車輛的綜合汽車保險

3.3

特殊例子：2019 冠狀病毒病

踏入 2020 年不久，2019 冠狀病毒病（COVID-19）在全球肆虐，各國紛紛發出外遊警示或封關，大量航班取消，使旅遊業大受衝擊。疫情來勢洶洶，影響始料不及，全球也受牽連，旅遊業界更是手足無措，從而帶出不少對旅遊保險的疑問，不少保險公司也因時制宜作出調整和更新保障。

雖然香港經歷過 2003 年的「非典型肺炎」（俗稱「沙士」），但今天 2019 冠狀病毒病疫症帶來的影響其實與當年不盡相同。當年「沙士」主要影響內地和香港，在旅遊保險方面，主要是受保人染病後不能出遊；然而 2019 冠狀病毒病的影響卻是全球性的，各國及不同航空公司都採取了各種防疫政策和措施。而對於旅遊保險的保障，在選購時主要需留意受保人在外遊目的地染病、取消行程、更改行程及提早結束行程這幾方面。

一般有關行程更改或取消的保障，必須是由指定風險引致損失，才可獲得賠償，例如受保人生病、受傷，旅行目的地獲發外遊警示，有些保單則保障大爆發的傳染病。不過要留意「大爆發的傳染病」的定義是甚麼，不同保單有不同的定義，例如有的是根據世界衛生組織的宣佈，有些是某些級別的旅遊建議、當地進入緊急狀態等。

要特別留意，因 2019 冠狀病毒病疫情由 2020 年 1 月底開始爆發，港府在 2020 年 3 月中向全球發出了外遊警示，部份保險公司已把「2019 冠狀病毒病廣泛的傳播」定為已存在的風險，投保人在指定日期後購買的旅遊保險將不會保障因 2019 冠狀病毒病所導致的相關損失。大家要留意保單條款是否列明

在特定日期之後投保，所有有關此疫情的疾病或事故已定為已
存在的病患或狀況，並被列為除外責任事項。有個別保單也
列明，如在出發前目的地已經宣佈有疫症，有關感染疾病的
醫療費用將不獲賠償。

此外，很多國家關閉機場、拒絕非當地人入境，推行強制隔離
政策，又或是航空公司取消或縮減航班，服務提供者不履行合
約等，以上這些均是除外責任事項，即是因這些原因而引致的
損失將不獲賠償。保單內會列明此等情況不獲保障。所以，遇
上這些情況，旅客應盡早與航空公司、酒店或相關服務機構要

求更改行程或安排退款。

根據相關紀錄顯示，直至 2020 年 5 月，保險業界已經就
2019 冠狀病毒病賠償超過 300 萬港元。除了賠償，保險公司
針對此特殊情況，也提供了各式各樣的紓緩措施，例如：容許
投保人更改承保期或退保等。根據相關紀錄顯示，保險公司共
退還了超過 32,000 份旅遊保單，涉及金額逾 960 萬港元。

_____

有關 2019 冠狀病毒病的旅遊保險保障須知

一般旅遊保險

· 部份保險公司的保單提供在指定日數內，旅遊目的地因為傳染病大爆發或香港保安局就目的地發出外遊警示時取消旅程保障，但須符合保單定義。

· 因疫情大爆發，受保人需要提早結束或更改行程，部份旅遊保險亦有提供保障。

· 假如受保人於旅遊期間在目的地不幸感染 2019 冠狀病毒病，需要前往當地註冊醫院就醫，便可得到海外醫療費用保障。如因此要更改行程，額外的住宿及交通費用也會有保障。

郵輪旅遊保險

· 如果旅客被懷疑或確診 2019 冠狀病毒病，因此被迫強制於郵輪上或指定強制隔離的地點隔離，一般郵輪保險均有提供強制隔離現金津貼保障。

· 在郵輪旅遊保險中，郵輪更改或取消於原定口岸停泊所涉及的指定風險，一般只包括罷工、工業行動、暴動、惡劣天氣、自然災難、郵輪機器或結構性故障等。假如旅客所乘搭的郵輪因疫情導致行程更改或取消於原定停泊口岸上岸，由於並非郵輪旅遊保險的指定風險，而是郵輪公司純粹為防禦疫情，取消於原定港口停泊，屬服務提供者未能提供服務，則一般不屬保險的保障範圍。遇到這種情況，旅客應向營運商查詢退款或賠償。

海外留學旅遊保險

- 若留學地點發生廣泛傳染病爆發的情況，小部份保險公司會提供提早結束旅程保障，賠償受保人因提早結束旅程而引致的損失，包括已繳付而不能退還的交通及住宿費用，或額外的交通及住宿費用。
- 假如受保人於海外留學期間不幸感染 2019 冠狀病毒病，並無法繼續學業，一般可獲賠償不能取回的學費或按金。
- 倘若受保人被證實感染 2019 冠狀病毒病，可獲賠償有關的醫療費用，包括住院費用。除救護車費用外，一般其他費用則不受保障。如果處於懷疑或等候檢查結果的階段，因而被當地政府強制隔離超逾指定時間，小部份保單亦會提供強制隔離現金津貼保障。

注意事項

- 假若投保人於旅遊目的地廣泛爆發傳染病後，或香港保安局就該地區發出紅色外遊警示後，才購買旅遊保險，則該傳染病屬已存在狀況，故一般由此所引致的損失不會獲得保障。
- 由於不同保險公司的保單條款有異，確實保障範圍需要以保單條款為準，如有疑問，可向保險公司或保險中介人查詢。

註釋：

1　資料來自消費者委員會於 2018 年 5 月 15 日發佈的新聞稿〈旅遊保險索償條款煩瑣嚴苛　受理門檻高隨時不獲保障〉，網頁於 2021 年 1 月 15 日擷取自 https://www.consumer.org.hk/ws_chi/news/press/499/travel-insurance-claims-process.html
2　資料來自香港保險業投訴局，網頁於 2021 年 1 月 15 日擷取自 https://www.icb.org.hk/

CHAPTER

4

旅遊保險
的誤區

4.1

錯誤理念

每逢星期天，智保會到利群茶餐廳吃早餐，很多時候也會留下
來幫忙，順便偷師，跟師傅學沖絲襪奶茶還有煎至愛的西多
士。不過智保每次出現時，還有另一個身份：街坊的保險顧
問。正值暑假旅遊高峰期，旅遊保險自然成為熱門話題。智保
在茶餐廳待了一整天，發現原來不少街坊對旅遊保險的概念模
糊不清，有很多誤解，他便不厭其煩，一一解答。

旅遊保險 Q&A

街坊 Lisa

「上星期跟幾個好姊妹去東京旅行，滿載而歸，怎知回到香港
機場，準備迎接載滿戰利品的行李時，發現行李箱爆裂，真掃
興！我立即跟航空公司報告，第二天集齊文件提交，當中包括
購買行李箱的單據。最後航空公司只賠償了 500 港元，而保
險公司則是 1,000 港元。但我當日用了 3,000 港元購買行李
箱，而那份旅遊保單中，個人物品的索償額上限明明是 3,000
港元，為甚麼最後我的賠償只有原來的一半？」

怎樣計算價值

保險原理中有一項「彌償」原則，會對受保人所受損失作精確
的財務賠償，而不會以購買財物當日的價值來釐定賠償。例如
Lisa 在行李箱損壞後提出索償，雖然她當日以 3,000 港元購
買該行李箱，而保單條款中索償的最高限額是 3,000 港元，

但在意外發生當時，同款行李箱折舊後的價值是 1,500 港元，所以當航空公司賠償了 500 港元，餘下的 1,000 港元便是保險公司的賠償金額。再舉一個例子，以遺失手提電話為例，若受保人當日以 5,000 港元購買該手提電話，而在意外發生當時該型號的手提電話市價是 3,000 港元，扣減折舊價值，例如 500 元後，受保人獲得的賠償金額便是 2,500 港元。

街坊 Brian

「我到吉隆坡開會時，相機被電單車司機搶走，我隨即向當地警方報案。因為公司及我自己也有購買旅遊保險，我便分別向兩間保險公司提出索償。兩間公司都要我提供報案證明，但我只有一份報案證明，問保險公司如何處理，他們回覆説，是由兩間保險公司分擔。我有兩份保單，難道不就是可以有兩份保障嗎？」

買兩份等於賠兩份？

Brian 忘記了很重要的一點：保險的原則在於保障財務損失，而不是透過購買保險而獲利。因此，假若受保人購買了兩個旅遊保險產品，在同時向兩間公司索償時，保險公司會根據分擔的原則處理。Brian 的相機被劫，符合了他的兩份旅遊保險計劃中「個人財物損失」的條款，假若最終扣減折舊價值的賠償金額為 3,000 港元，兩間保險公司便會分擔賠償金額，合共支付 3,000 港元賠償予 Brian，而不是各自向他賠償 3,000 港元。即使受保人的索償同時適用於兩份性質不同的保險計劃，例如旅遊和家居保險，保險公司也會根據這個原則作出理賠。

街坊黃先生

「那次到台北公幹，開會後準備乘搭下午的航班回港，怎知因
飛機機件故障，該航班取消，航空公司便安排了晚上的航班。
我想，反正也不能按原定計劃回港了，而且第二天是週末，便
索性改了翌日早上的航班，順便趁這個機會探望去年移民台北
的朋友。航空公司說，選擇翌日早上的航班要支付額外住宿費
用。我想既然買了旅遊保險，這次改機票也是因為機件故障，
應該可以有旅程延誤的賠償，所以無所謂。誰知後來保險公司
說我的情況不受保，為甚麼會這樣？」

行程延誤，多留兩天？

「行程延誤保障」指的是因指定風險，例如機件故障而令旅程受阻。至於黃先生原本乘搭的航班取消，根據保單條款，他需要跟隨航空公司安排的下一個航班回港，而不是自行選擇另外的航班，所以當中的額外住宿費用並不符合索償條款。在這種情況下，即使他延遲超過六小時回港，也不能享有現金津貼補償。

街坊陳仔

「真是禍不單行！我坐了十小時飛機，回到香港已經很疲累，

心想早點拿回行李快快回家，怎料步出入境大堂不久，行李箱兩個小轆突然爛了，推也推不動，好不容易才把它搬上的士。沒用這個行李箱幾次，就這樣報銷了，真不划算，以為有旅遊保險可以補償一下，怎料索償失敗，說甚麼行程結束不受保，明明當時我還在機場，真的不明白為何會這樣。」

「旅程」的定義

在這裡首先要釐清「旅程」的定義。在一般的旅遊保險保單中，「旅程」分別有兩個定義：一是受保期由受保人離開居所或在工作地點啟程為離開香港的開始，直至返回居所或工作地點為止；二是由在香港辦妥離境手續開始，至旅程後辦妥回港入境手續為止。陳仔購買的保單中，「旅程」的定義屬於第二種，因此當他入境香港後，保單已經完結，故行李箱損壞不獲賠償。旅客在購買保單時需仔細留意保單中「旅程」的定義，以便選擇最適合自己的保障時期。另外也要留意，若受保人乘搭的是凌晨一時的航班，便不應以航班起飛時間作為旅程起始的日期，否則假若在前一晚出發到機場或登機前出現甚麼意外，也將不受保單保障。

街坊 Fion

「我和老公從香港出發到倫敦，中途經赫爾辛基轉機。可是由於首班飛機在香港起飛時受天氣影響，遲了一個多小時才起飛，結果抵達赫爾辛基後，來不及乘搭原定的接駁航班。由於該航班已是當天最後一班，我們唯有在赫爾辛基住了一晚，第二天早上再飛往倫敦。航空公司提供了酒店及機場餐廳的現金

券，但我們想到旅遊保險也有現金補償，於是決定在酒店吃頓豐富的晚餐。怎知保險公司説這不算是行程延誤，但我們乘搭的航班明明就是延遲了啊。」

趕不及轉機不是行程延誤？

為甚麼 Fion 和丈夫遇到的這個情況不受保？這是因為他們的第二班航班（即接駁機）沒有航班延誤，而是依時起飛，只是他們在轉機時無法乘搭接駁航班，這的確不屬於「行程延誤」中所指的航班延誤。而航空公司亦因應情況，為他們安排了住宿及現金券補償。

街坊 David

「我在蘇梅島玩快艇時不小心扭傷了手，立刻在當地求診，但我仍不放心，始終當地的醫療水平比較落後，我也想早些回港，於是便致電 24 小時緊急支援熱線，希望保險公司可以替我安排專機立刻回港。我明明在保單中看到這個選項了，怎知卻不獲安排，你説説，旅遊保險不正是有緊急醫療遣返保障這個項目嗎？」

緊急醫療遣返

緊急醫療服務顧名思義是在受保人情況緊急時使用，所有關於緊急醫療服務的安排，必須經保險公司的 24 小時緊急支援服務公司安排。緊急支援公司的醫療團隊及主診醫生會評估受保人是否有急切需要，而不是由受保人自行要求。而緊急遣返時的方法，也不一定是由專機運送，會視乎當時情況，安排最便

利快捷的運送方式,可能是安排受保人乘坐客機頭等艙,或是
將經濟客艙的座位拆除等。如果受保人自費安排此類服務,則
回港後也不會獲得賠償,因為不是經緊急支援公司安排,在保
單內列明這是除外責任事項。

4.2

主要的不受
保情況

「想不到你會約我在這裡吃飯，商務午餐不便宜呀。」齊智保驚訝地說。

齊保宜難得地約了齊智保在尖沙咀某商場內的高檔餐廳午餐。「放心，這一餐算我的。」

智保露出疑惑的表情，雖然兩姊弟感情要好，請吃飯也不是頭一次，不過怎也想不到保宜會這麼大手筆。

「我雖然慳家，不過有些錢是值得花的。你知道樓下新開了一家名牌旅行箱的專門店嗎？你上次不是說有個客人在那裡工作？」

智保總算明白這頓飯的因由，笑瞇瞇地點完餐，拿出那家專門店的折扣券。「即使有折扣也不便宜，家裡不是已經有一個行李箱了嗎？」保宜常常說家裡地方淺窄，空間塞滿兒子的玩具，智保想不通為甚麼她要多買一個行李箱。

「你姐夫近年經常需要出外公幹，加上我決定以後每年暑假也要外遊，況且又買了全年旅遊保障，外出的機會一定多了，這個行李箱絕對值得投資。你不是說買了旅遊保險，萬一發生甚麼意外，行程取消、延誤也有保障，連行李箱損壞都有賠償嗎？」

侍應剛送上熱騰騰的餐湯，智保拿起湯匙，「旅遊保險不是萬能，別以為外遊時發生甚麼事都能得到保險賠償。不如你回家先找找那張全年旅遊保險保單，閱讀一下主要『除外責任』事項吧。」

保單中的「除外責任」事項

從傳媒報導及消費者委員會報告可見，不少有關旅遊保險的投訴都是基於公眾對旅遊保險的誤解，當中主要是市民沒有細閱保單中的條款細則。其實保單的每項保障中也有列明一些「除外責任」事項，例如已存在的病患、非列明的指定風險（即是「不保事項」）等，以下便是較為普遍的一些案例。

無人看管的財物

炳叔在利群茶餐廳卡位執獲啡色錢包，剛進來的食客卻説不是他的，應該是前一位顧客留下了。齊老闆從炳叔手上接過錢包，正想放進櫃內，一名穿衪衫西褲的四眼哥哥氣沖沖地走進來，「老闆，剛才我坐那個卡位，不知有否看到我的錢包？」

齊老闆跟他核實後交還給他，四眼哥哥連忙説多謝。

「年輕人，算你好彩，剛才有人請你食飯？為甚麼錢包都不管。」齊老闆趁著午市過後，沖了杯奶茶慢慢嘆，邊喝邊説。

「老細，還説好彩，『黑仔』才對。剛剛去旅行破大財，同事請我吃飯算是安慰。」

話說四眼哥哥到美國加州旅行，晚上外出，看到夜景吸引，便和女朋友拍照留倩影，並將之前買下的手信、新波鞋、新手袋放在一旁，以便騰出雙手拍照，豈知轉眼已被偷去。「本以為

買了旅遊保險可以賠償,怎知原來無人看管的個人財物屬於除外責任事項。」

齊老闆平日聽到「保險不賠」一定會把握機會發表意見,這次卻出乎意料之外支持保險公司的做法。「其實又有道理,無論在甚麼地方,看管財物都是自己的責任。你真『大安旨意』,這次幸好我們利群的客人路不拾遺,不然你又要破財了。」

個人財物保障的除外責任事項

旅遊保險的個人財物保障,一般指保險公司會對受保人在旅程中因搶劫、偷竊或遺失隨身攜帶的現金或財物導致的損失作出賠償。雖然四眼哥哥的財物被偷,然而旅遊保險當中的條款訂明,不會賠償放置於公眾場所而無人看管或沒有上鎖的車輛內遺失的任何財物。由於事發時四眼哥哥明顯是把財物放置在無人看管的公眾地方,故不獲賠償。

四眼哥哥的遭遇十分普遍,隨着近年自駕遊日漸受歡迎,旅客必須留意大部份旅遊保單均設有除外責任事項,其中一項便是保險公司不會對沒有上鎖的車輛內遺失物品作出賠償。有些保單還會訂明只保障事發時受保人隨身攜帶的現金損失,用意是確保受保人採取合理措施保護個人財物的安全。由於車輛在無人看管時很容易被賊人盯上,因此無論是否在外地,我們都應小心看管貴重財物,不應將其遺留在車內。

投保前已存在的狀況

苦口良藥，顧家南心裡唸唸有詞，好不容易才乾掉那碗苦茶。

「都叫你去看醫生，然後休息一兩天，你又不肯，沒辦法，唯有飲苦茶。」齊保宜嘆氣。

顧家南雖然連日感冒不適，但因為工作太忙，仍舊天天如常上班。齊保宜勸他不如休息一兩天，調理好身體才繼續工作。

「Carrie 入了醫院做手術，我一個人做兩個人的工作，還有我們遲些放假去旅行，很多工作需要提前完成，只是感冒，真的沒辦法請假。」

保宜拿了兩粒話梅給家南解解苦。「Carrie 不是剛剛放大假旅行回來，她發生了甚麼事？」

「Carrie 在出發前兩個月已感到不適，經常頭痛，但她沒去看醫生，還堅持去旅行。結果途中不適入院，醫生懷疑她腦內有腫瘤，不過還要詳細檢查，才知道是否需要動手術，於是她唯有縮短行程回港。」

保宜聽了後，急忙說：「你看，活生生的例子放在眼前，病向淺中醫，你還不快點去看醫生！」又說：「不如我們遲一點才去旅行吧，機票酒店或者可以改期，而且我們買了旅遊保險。」

家南口裡含著兩粒話梅,「不要以為買了旅遊保險就甚麼也有
保障,好像 Carrie 雖然買了旅遊保險,但保險公司根據醫療
報告,認為她的病是『投保前已存在的病患或狀況』,所以拒
絕緊急醫療索償。」

保宜隨即開啟電腦,「那麼我要看看昨天剛購買的旅遊保險
怎樣寫。」

投保前已存在的病患

Carrie 在旅途中不適入院，但為甚麼她的醫療費用不獲賠償？因為旅遊保險中的醫療費用保障，一般指受保人在旅程中因意外或突發情況而急需接受治療。Carrie 雖然在旅途中不適入院，不過原來她在投保前已經常常頭痛，顯示這是「已存在的病患或狀況」，故不獲保障。

「已存在的病患或狀況」是常見於旅遊保單中的除外責任事項，這也符合旅遊保險的精神，因旅遊保險保障的是受保人在

旅程期間發生未能預見或突發的醫療狀況。若受保人在旅程期間病發，保險公司需考慮有關病況是否在預訂旅程前或投保日前或出發前已存在（因為單程和多程的旅遊保險會有不同的限制），才會對賠償與否作出判斷。因此除非保單特別訂明，否則因一般慢性疾病，如心臟病、糖尿病等引致的不適，均屬除外責任內列明的已存在的病患事項。

曾經有一對老夫婦到台灣旅遊八天，在行程第六晚，老太太出現呼吸急促及胸口悶痛，於是往當地急症室求診，隨即被送往深切治療部，診斷結果為心臟衰竭、瓣膜性心臟病、慢性心房顫動伴快速心室率及肉眼性血尿。老夫婦需於台灣多逗留四天，直至老太太的身體情況適合出院。兩老提出索償，不過保險公司發現老太太有高血壓及冠狀動脈疾病史，需服用依那普利及阿司匹林治療；而根據其單次旅遊保單條款訂明：「保險公司不會保障直接或間接因任何在保單投保日前已經知悉或存在的不適、疾病、身體缺陷或狀況而引起或導致的索償。」由於老太太的病況屬慢性疾病，因此保險公司認為有關狀況在她投保日前已存在，故拒絕賠償所涉及的醫療費用、額外機票及住宿支出。此外，她在旅程出發前已確實患有高血壓及冠心病，並服用相關藥物，故保險公司認為她在台灣住院很有可能與她的冠心病有關，這也屬投保日前已知悉及已存在的病患。

沒有在當地就醫

另一項關於醫療保障的除外責任事項，是受保人在發生意外或病發時沒有在當地找合資格的西醫診治。陳先生到首爾旅遊五

天，聲稱在旅程的第二天於酒店滑倒，扭傷右膝蓋，但他沒有求醫，並繼續行程。由於膝蓋痛楚持續，他於回港後第六天（即受傷後第九天）前赴求診，被診斷患上關節軟骨損傷，其後入院進行關節鏡手術。由於陳先生在受傷後沒有即時求醫，沒有具體證據證明他的右膝蓋受傷是於旅程期間因意外事故直接造成，故此，保險公司拒絕賠償他回港後的醫療費用，原因是他的情況不符合保單內「醫療及有關費用」條款的要求。

根據陳先生購買的旅遊保單內「醫療及有關費用」條文，「保險公司會保障受保人返回香港後連續三個月內必須支付的合理醫療、住院及治療費用⋯⋯此等費用須為受保人於旅遊期間在外地發生意外或感染疾病而需要在外地接受治療所引致。」大部份旅遊保單都會保障受保人於旅程期間的意外身體受傷，並支付其回港後相關的必要醫療費用。但陳先生在滑倒後沒有在當地向合資格的醫生求診，所以沒有實質證據證明他是於首爾旅遊期間弄傷了右膝蓋並需要在當地接受治療，因此不符合保單條文，他回港後的延續治療也就不獲賠償了。

投保前已存在的天氣狀況等自然因素

投保前「已存在的狀況」除了疾病，還包括天氣等自然因素。近年惡劣天氣的情況增加，尤其夏天是颱風的季節，出外旅遊遇上颱風，隨時引致行程延誤。現今社會資訊發達，天文氣象機構對各地天氣亦有詳盡預測，令市民可提前為行程做好準備。因此若受保人在已知的天氣狀況下出外旅行而引致行程延誤，帶來損失，也屬於旅遊保險除外責任內列明的已存在的狀

況事項。

周氏夫婦前往日本沖繩旅遊三天，並於出發前兩天透過保險公司的網站購買旅遊保險。當時已有天氣預報顯示日本將受颱風正面吹襲。而在周先生和太太旅程期間，由於受強颱風相關的惡劣天氣影響，他們由沖繩返港的航班延誤了超過 54 小時。不過，在他們索償時，保險公司拒絕就「行程延誤」作出賠償，原因是強颱風在投保時已經存在，他們應得悉該颱風或會對其行程有所影響，因此保險公司認為有關行程延誤並非因突發及不可預知的事故引起。

其實大部份旅遊保單均保障一般航班的行程延誤，假如延誤是因保單指定的受保風險引起，則保險公司會就特定的延誤時數作出賠償，以最高賠償金額為限。然而，如果損失是因為投保時已存在或可以預期發生的情況引致，就像周氏夫婦在購買保險時，已知悉旅遊地點將面對颱風吹襲，保險公司便不會作出旅程延誤賠償。

張先生常常出外公幹，所以購買了全年多程旅遊保險。早前公司要他緊急到大連視察剛因地震而倒塌的廠房，他唯有立刻購買到大連的機票。可是出發當日因有餘震，所以他推遲出發日，並向保險公司索償取消行程的賠償。但因他預訂機票當日地震已發生，而他購買的全年旅遊保單中的除外責任事項列明，預訂旅程之前的已存在狀況不會獲得賠償，所以保險公司拒絕賠償。

4.3

何謂
平安保

下午茶時間往往是利群茶餐廳的歡樂時光，齊老闆、齊師奶也難得清閒，與熟客相聚，一時閒話家常，一時又城市論壇。今日輪到街坊老胡大吐苦水。話説老胡兩夫婦上月跟隨旅行團到澳洲旅行，然後再於當地逗留兩星期，探望已移居的兒子。但是一到埗才知道行李還在香港！一團 20 人，就只有他們兩家行李延誤。「六合彩怎麼都沒輪到我？」

齊老闆拿著菠蘿包和奶茶給老胡，「莫非你的行李箱特別出眾？還是被人知道買了鮑參翅肚給兒子？」

齊師奶坐在收銀機前查賬，「跟著旅行團，有導遊照顧，應該沒大問題吧？」

老胡咬一口菠蘿包，狀甚滿足，「那個導遊是不錯，很快幫我們處理好了，行李第二天就送回來，而當日又帶我們到酒店附近商場買一點日用品。我沒所謂，只是胡太『瓜瓜嘈』，説她的名貴護膚品都在行李內，不想在當地隨便買。另一位行李延誤的團友告訴我們，旅遊保險提供行李延誤的保障，回港可以申請現金賠償，或者可以保留單據索償購買必須日用品的開支。這樣我就讓胡太挑貴價的護膚品買，好讓我耳根清淨。怎知我再問導遊是否有賠償，他又説沒有，弄得我一頭霧水。後來才知道原來那位團友自行買了旅遊保險。」

齊師奶忍不住插嘴，「你連自己有沒有買保險也不知道嗎？」

此時胡太走進茶餐廳，「説到哪裡？黃金海岸的熱氣球？」胡

太剛從對面街的髮型屋走過來，聽到他們説到旅遊保險。「又不至於那麼糊塗，報旅行團時，旅行社説會贈送平安保，我們以為就是旅遊保險。最初也不太明白，之後幾天行程到黃金海岸，導遊説可以自費玩熱氣球，那位團友又告訴我們，因為一早已打算玩熱氣球，所以也購買了包含這項活動保障的旅遊保險，説了那麼多遍我才明白。」

齊老闆一頭霧水，「甚麼平安保又不是旅遊保險？為甚麼團友又要另外買旅遊保險？」

老胡接上，「你也弄不清楚，證明不是我的問題。我本來想，報了旅行團一切都有安排，之後我們又去探兒子，既然已經有平安保，為甚麼還要買旅遊保險？」

胡太一邊翻開智能電話中的相簿，一邊説，「你還是不明白，就是沒有得到教訓。這次錯過了熱氣球不就是我們不想冒險嗎？」

老夫老妻頂嘴，旁人也不適合加入，齊老闆、齊師奶唯有帶著滿腦子問號，火速回到工作崗位。

平安保跟旅遊保險的分別

「平安保」一般為旅行社贈送給報名旅行團團友的保障，只保障受保人於旅途上因意外導致死亡或身體永久傷殘而作出的一

筆過賠償。而「旅遊保險」一般指旅遊綜合保險,例如在旅途中遇到行程延誤、遺失行李、需要緊急醫療支援等情況時,會有較全面保障。

其實就算旅行社贈送了平安保,旅客也應考慮是否需要額外購買旅遊保險。如上述解釋,平安保與旅遊保險的保障不盡相同,旅客因應出外旅遊的不同風險和個人需要,可額外選購適合自己的旅遊保險計劃,以獲得更全面的保障。2017 年 4 月,江西井岡山的觀光景區內一木板橋發生塌陷事故,十數名遊客跌落橋下河溪,其中包括來自香港的 11 名遊客,他們參

加了井岡山四天旅行團。主辦旅行團的機構沒有強制參加者購買保險，團費僅包括發生死亡事故才獲賠償的十萬港元平安保險，當中完全不包含醫療保障。因此，假若受傷的團友沒有自己另外購買綜合旅遊保險，便沒有醫療費用保障。

假若旅客遇上旅行社推介購買的旅遊保險計劃，應要求旅行社解釋清楚有關保險的保障範圍及除外責任事項、索償要求及程序，並需留意該保險於人身意外、醫療費用及海外緊急支援服務的保額是否足夠，保障範圍是否切合旅行社安排的旅遊活動，包括自費活動，例如有哪些保障項目對指定年齡人士（例

如長者）設有限制、是否包括刺激活動（例如熱氣球、跳傘、
激流）、是否保障恐怖分子活動及暴亂等風險。受保人必須向
旅行社索取旅遊保險保單條款，以了解保障範圍及索償須知。

根據消費者委員會建議，若遇上旅行社強制規定購買指定的旅
遊保險計劃，市民可選擇不報團。參加旅行團和購買旅遊保險
對消費者而言是兩個獨立的決定，市面上也有不同的旅行社代
售各種旅遊保險計劃，消費者可按照個人需要選擇。

不過要注意，多買一份旅遊保險不一定就能得到較多賠償。在
旅遊保險中，部份賠償項目的彌償類別，例如醫療費用、財物
損失等，要求受保人索償時需要出示相關單據正本，保險公司
會按照保單條款及賠償上限，根據受保人的實際損失作出賠
償。由於此類保障屬實報實銷性質，受保人所得的賠償金額不
會高於實際損失，亦不會因為購買了多於一張保單而得到額外
賠償。

至於以津貼形式而非根據彌償原則的保障，例如死亡、傷殘、
行程延誤現金津貼等，假如受保人擁有一份或以上的旅遊保
單，而保單又沒有訂明不可以重複索償的話，受保人一般來說
可以就所有保單提出索償。但需注意，個別保單可能會訂明假
如受保人已經根據另一份保單得到賠償，則無權再就該損失提
出索償。

旅遊保險
最新發展

當旅遊成為我們日常生活的一部份，旅遊保險就好像行李箱上的一張名牌一樣，陪你暢遊世界。飛機、火車、郵輪，自助遊、背包客，公幹、留學、遊學、工作假期……旅遊發展走向多元和專門化，保險公司也配合市場需要，推出不同類型的旅遊保險計劃。同時配合科技的發展，簡化投保及索償程序，以至個人化的保單設計也成了未來的大趨勢。

範圍更廣　　保障更專門

保險市場一向與時並進，因應市民的需求提供不同的保障。隨著旅遊的普及和社會變化，旅遊保險計劃逐漸提升了保障範圍，也特別增設自選保障項目，例如冬季運動、水上運動、業餘性質的馬拉松等。近年港人流行在海外拍攝結婚照以至舉辦婚禮，「海外結婚及攝影」保險計劃也應運而生，除了預訂酒店、交通及其他行程安排，還有戶外拍攝、婚禮服飾、結婚證書、來賓個人責任、婚禮服務商倒閉等項目保障。

隨著科技的發展，保險產品由過去「以保險公司為本」變成現在「以受保人為本」，箇中原因是因為以往保險公司無法得知每個受保人的實際狀況。但時至今日，保險科技可以幫助保險公司知道是誰買保險，她／他的喜好是甚麼、需求是甚麼，甚麼時候出發到甚麼地方，當地最新的政局、氣候、社會有甚麼變化……從而設計出更適合受保人需要的「場境化保險」（contextualized insurance）。預計未來更多專門及新概念的旅遊保險計劃也會陸續在市場出現。

預防保險詐騙偵測系統

保險產品越趨多元化，投保及索償程序也作出相應配合，以更
簡便快捷的方法處理。當保險產品保障及服務提升，提出索償
變得容易，預防保險詐騙的措施便越來越受到保險業界重視。

旅遊保險的保費金額相對其他保險為低，部份市民抱著僥倖的
心態重複索償、虛報遺失個人財物，甚至有市民眼見保險公司
對調查及索償程序作出精簡處理，便虛報自己為刑事罪行的受
害者，以圖騙取保險賠償。2018 年，三名港人在泰國旅遊時
虛報被「篤篤車」司機行劫，企圖騙取旅遊保險金，其後被當
地警方識破。

根據海外保險市場經驗顯示，約有 10-15% 的保險賠償金為騙
徒所得。不少國家，如英國、美國、加拿大、法國、澳洲、新
加坡、南韓、中國內地等等，都已建立防止保險詐騙資料庫。
為了防止保險詐騙，香港保險業聯會已於 2018 年 12 月 1 日推
出「預防保險詐騙偵測系統」，運用最先進的人工智能科技，
偵查可疑保險索賠個案，協助理賠師加快審批索償申請。業界
發展的偵測系統分階段推出，第一階段涵蓋汽車、醫療和個人
意外保險，第二和第三階段涵蓋更多險種，包括人壽、旅遊
等。

預防保險詐騙偵測系統將成為理賠人員處理索償的平台，透過
演算功能深化學習，分析詐騙案例和索償資料，找出可疑及異
常的個案，並提示相關保險公司理賠師作進一步調查，以核實

索償是否合法,以及採取適當行動。此外,偵測系統長遠能為業界提供關於索償、詐騙模式的資訊及就其趨勢作出報告。

資料庫不單方便保險公司處理索賠程序,也維護投保人權益。保險的原理是風險轉移及攤分,詐騙情況嚴重,騙徒非法奪取的保險賠償,最終由所有誠實的投保人來分擔。保險公司為應付不斷增加的風險成本,可能提高投保門檻、上調保費,所以整體而言,資料庫有助減低風險,而利用人工智能及大數據分析的偵測系統,既可以增加對詐騙者的阻嚇程度,也有助理賠人員加快處理索償,最終受惠的也是消費者。

在 2021 年 3 月,就有一宗旅遊保險詐騙案件判刑,一男子承認早前詐騙保險公司的財物損壞賠償,並被判處刑罰。在此提醒市民,報假案和詐騙均屬刑事罪行,切勿以身試法。保險公司如發現投保人的旅遊保險索償申請有可疑,便會就其申報的損失事件作出全面調查。如果調查結果證實有人涉及瞞報或虛報等刑事行為,保險公司除了可以拒絕賠償,亦可以向當地執法當局匯報立案調查,因此市民萬勿貪一時之財,鑄成大錯。

科技發展趨勢

人工智能發展為我們的生活帶來改變,金融科技也應用到保險行業,將保險申請與索償的程序簡化,方便市民之餘,亦大大減低人為錯誤。今天人們可隨時在網上申請旅遊保險,過程花不了數分鐘。保險公司還會與不同航空公司的機票系統連結,讓客人在購買機票的同時購買旅遊保險,不用另外經由保

險公司的網站購買。近年市場上更出現了航班延誤自動索償系統，只要下載相關應用程式、揀選航班，在特定的起飛時間前付款，當受保航班因為天氣、機件故障或其他受保因素出現延誤，受保人不需要主動申請，賠償過程就會自動啟動，而賠償將會自動存入受保人指定的銀行戶口。投保金額只是一杯咖啡的價錢，整個索償過程簡便，完全省卻向航空公司申請官方延誤證明文件等傳統步驟，若有關航班延誤，便可自動獲得賠償。

自動索償系統是未來保險發展的第一步，隨著物聯網技術日趨成熟，旅遊保險將走向更個人化的大趨勢。物聯網是連接不同智能工具的技術，讓這些工具可以自行溝通。簡單來說，你的智能電話、平板電腦、藍牙手錶，都可通過無線網絡及導航系統作數碼化連接。保險公司利用這些技術，便可以知道你身處在哪裡、當時面對甚麼類型的風險，透過這些技術提供處境化的保險，例如醫療、家居、旅遊、汽車保險等，以推出更個人化的服務，以及更貼身的投保選擇。例如你只是踩單車出外兩小時，基本上當你開始踩單車，亦即是你最需要意外保險之時，才開始承保。或你可自行選擇投保項目，即是你可以替你的單車、數碼相機等不同的隨身物件投保，只要在智能電話掃一掃，便能完成投保程序。

在未來的日子，當保險業界將物聯網技術應用在旅遊保險上，投保人不需要自行申報，只要開啟旅遊保險手機程式，程式便會自動根據你的機票、酒店預訂、行程，配合當地新聞、天氣預告、旅遊資訊等不同的資料庫連結，提供最新甚至即時的資訊，從而評估旅遊風險。例如當目的地爆發疫症、政局動盪，

程式便會提醒你潛在風險，是否需要帶備防疫工具隨行，甚至是否適合前往等等。如投保人決定繼續行程，保費便有可能相應高一點，或基於已知風險而不受保障。

事實上，保險不只是在發生意外後提供保障，也能助你減低風險。資訊數碼化令保險公司容易區分不同風險的投保人，例如根據他們平日的行為模式評估風險。在旅遊保險的層面，假若你平日很小心，沒有出現甚麼意外，保險公司估算你出遊的整體風險不高，保費也會相對地低一點；而且一些在一般情況下的除外責任事項，例如某些刺激活動，保險公司也可能因應你的個人行為考慮提供保障。相反，假若你以往的旅遊經歷顯示你為人不謹慎，保費便可能相對提高。對消費者而言，這能提醒大家出門小心，防患於未然；保險公司亦可提供更好的定價；監管機構也能掌握風險，從而制定更有效的政策。長遠來說，科技發展對業界和投保人都有益處。

保險行業一直以客戶為中心，不過科技上還未能完全配合。但有了這種技術，便可以實行「User-centric」（以使用者為中心）的概念，做到「pay as you insure」（實支實付）。「InsurTech」保險科技化繁為簡，未來有關保險的一切，將轉移到智能電話上，彈指之間便可成事，簡單快捷，有助消費者全面檢視及管理個人財富和風險。

世界依然充滿各種挑戰，全球化浪潮把每個城市人也變成遊牧民族，旅遊、公幹、旅居，我們出門的風險不會減少。而保險公司利用科技掌握更多資訊，亦能為我們提供更有效的保障。

TRAVEL INSURANCE

4

責任編輯	趙寅
書籍設計	姚國豪

書　　名	保險叢書4 —— 旅遊保險
策　　劃	香港保險業聯會
籌 委 會	袁美艷、馮詠敏、宋婉玲、李俊明、莊欣達、侯伯謙
作　　者	林喜兒
插　　畫	高聲

出　　版	三聯書店（香港）有限公司
	香港北角英皇道四九九號北角工業大廈二十樓
	Joint Publishing (H.K.) Co., Ltd.
	20/F., North Point Industrial Building,
	499 King's Road, North Point, Hong Kong
香港發行	香港聯合書刊物流有限公司
	香港新界荃灣德士古道二二〇至二四八號十六樓
印　　刷	美雅印刷製本有限公司
	香港九龍觀塘榮業街六號四樓A室
版　　次	二〇二一年六月香港第一版第一次印刷
規　　格	特十六開（150mm × 210mm）一一二面
國際書號	ISBN 978-962-04-4667-2

三聯書店
http://jointpublishing.com

JPBooks.Plus
http://jpbooks.plus

INSURANCE SERIES
book .4